JN194314

シリーズ「遺跡を学ぶ」139

ドイツ兵捕虜の足跡 板東俘虜収容所

森 清治

新泉社

ドイツ兵捕虜の足跡
―板東俘虜収容所―

森 清治

【目次】

編集委員
勅使河原彰（代表）
小野　昭
小野正敏
石川日出志
小澤　毅
佐々木憲一

装　幀　新谷雅宣
本文図版　松澤利絵

第1章　一〇〇年前の慰霊碑

1　ドイツ兵の慰霊碑

板東俘虜収容所

徳島県鳴門市と愛媛県四国中央市を結ぶ高松自動車道を、鳴門（なると）海峡から一〇分ほど走ると「なると第九」の愛称を冠した鳴門西パーキングエリアに到着する（図1）。その下り線、愛媛方面の駐車場から南へと続く散策道の眼下に、こじんまりとした溜め池がふたつならんでみえ、パーキングエリアに近い溜め池の東のほとりに、水面を静かにみつめるようにひっそりと記念碑が建っている。「板東俘虜収容所跡（ばんどうふりょしゅうようしょあと）」の一角にある異国の兵士の慰霊碑だ（図2）。

板東俘虜収容所は、第一次世界大戦で日本がドイツと中国の山東省青島（チンタオ）で戦った「日独戦争」で捕虜となったドイツ兵約千名を、一九一七年（大正六）四月から一九二〇年（大正九）一月までの二年一〇カ月のあいだ収容した日本陸軍の俘虜収容所である。ドイツ兵捕虜たちは

図１ ● 板東俘虜収容所跡の場所
四国八十八箇所霊場第一番札所や阿波一宮大麻比古（おおあさひこ）神社が鎮座する静かな村に収容所は建設された。

図２ ● ドイツ兵の慰霊碑
異国の地、四国で亡くなった11名のドイツ兵捕虜の名が記されている。
捕虜たちが、将来、文化遺産として存続することを願い建設した。

敵国の地である日本の、それも自分たちが捕虜としての生活を余儀なく送った収容所のなかに、亡くなった戦友の慰霊碑を一九一九年（大正八）八月三一日に建立し、その後、解放され帰国したのである。

最初の発掘調査地点

板東俘虜収容所の跡地は、第二次世界大戦後に、地元鳴門市の住民と元捕虜たちの交流が復活したことを記念して「ドイツ村公園（子供広場）」という名前の公園になっていた。公園の入り口には、当時とは異なる場所だが、収容所の正門を模した門柱が立ち、ここが収容所跡であることを感じさせている（**図3**）。

二〇〇七年の一一月、収容所跡の公園に植えられた落葉樹の葉が色づくとともに徐々に散りはじめ、いよいよ冬へと模様替えがはじまるころ、わたしたち鳴門市教育委員会の発掘調査チ

図3 ● ドイツ村公園（子供広場）
1978年の完成で、収容所跡地を公園として残したことは先駆的であった。収容所当時の正門を模した門柱には、「板東俘虜収容所跡」「『第九』日本初演の地」と記されている。

ームがまず最初に発掘調査地点としたのは、このドイツ兵の慰霊碑の前面の池に突き出た半円状のテラスの石垣であった。

樹木の葉が落ち、公園内を見通せるこの季節には、入り口付近に残る兵舎跡が南から北にむかって徐々に高くなっていることがわかる。当時の写真に写しだされた階段状に兵舎が立ちならぶ様子が観察できる（**図4**）。

そして兵舎のある場所からさらに北に高くなった場所に先の溜め池はある。地元住民から「土砂に埋もれていまはみえなくなっているが、慰霊碑前には当時の石垣が残っている」との情報をえていた。ちょうど調査開始の少し前から池の改修工事がはじまっており、池の水が抜き取られたタイミングをみはからい、わたしたちは堆積した土砂を取り除く作業をはじめた。

長いあいだ雑木や落ち葉で埋もれ、その存在もごく一部の住民しか記憶していなかった石垣

図4● 板東俘虜収容所の正門
現在の公園入り口から100m西の場所に正門があった。中央の通りの両側に兵舎がならび、道の突きあたりには第1将校用兵舎がみえる。

図5 ● 姿をあらわした石垣
長いあいだ土砂に埋もれ、人目にふれることがなかったドイツ兵の慰霊碑前面のテラスの石垣。完成当時の姿を残している。

図6 ● 慰霊碑完成式典（1918年〔大正7〕8月31日）
ドイツ兵捕虜ほぼ全員が参加した完成式典には、収容所長も来賓として参加した。

だったが、作業を進めるにつれ、円弧状に整然と積まれた六段の石列が姿をあらわした（図5）。当時の写真と比較すると、確認された範囲はほとんど当時のままの状態であることがわかった（図6）。

2　歴史遺産・板東俘虜収容所

板東俘虜収容所跡は、国内に残る数少ない戦争捕虜収容所跡で、そこで生活した捕虜自身の数々の記録もまとまって残っており、それらを総合的に評価することで、世界的にみても貴重な歴史遺産として価値づけできる可能性を秘めていた。しかし、これまで遺跡としての価値は強調されてこなかった。

ところが、捕虜が収容所外で地域住民のために建設した「ドイツ橋」（図7）やドイツ兵の慰霊碑が徳島県指定史跡となり、収容所内で捕虜が印刷したイベントプログラムや書籍類が徳島県指定有形文化財に指定されたことで（図8）、収容所跡そのもの

図7●ドイツ橋
労働の対価は求めず、創造の喜びと地域住民のためにドイツ兵捕虜が建設したドイツ橋。いまも変わらぬ姿で大麻比古神社の杜のなかにたたずんでいる。

が徳島の近代史を語るうえで重要な遺跡であるとしだいに評価されるようになった。

そうした積み重ねのうえで鳴門市は、国内でもっともよく残る第一次世界大戦時の捕虜収容所である板東俘虜収容所跡を、この時代の交戦国間における文化交流の象徴として、国指定史跡への指定をめざし発掘調査を進めることとなったのである。

最初の発掘で当時の痕跡が明瞭に残っていることを確認したわたしたちは、確かな手応えを感じて収容所各所の発掘調査にむかったのである。本書では、この発掘調査の成果を中心にドイツ兵捕虜が残した歴史資料を織り交ぜながら、板東俘虜収容所の歴史的価値を考えてみたい。なお本書では、「俘虜収容所」など当時の名称に「俘虜」とある場合にはそのまま表記し、兵士の立場をあらわす一般名詞としては「捕虜」を使用する。

図8● ドイツ兵捕虜が印刷したイベントプログラム
ヨーロッパの世紀末芸術のデザインの要素が取り入れられた謄写版印刷のプログラム。この多色刷り技法はドイツ兵捕虜が独自に考案した（図60参照）。

第２章　第一次世界大戦とドイツ兵捕虜

１　日独戦争

第一次世界大戦と日英同盟

かつて日本は、第一次世界大戦時に、非常に短期間であるが、中国山東省の膠州湾でドイツ軍（図９）と軍事的衝突を引き起こしている。

一九一四年（大正三）六月二八日、オーストリア＝ハンガリー帝国フランツ・フェルディナント大公夫妻が、当時オーストリア領であったサラエボで暗殺される。この「サラエボ事件」がきっかけとなり第一次世界大戦が勃発する。この大戦の中心はヨーロッパ地域であったが、そこに参戦したイギリスが、ドイツの東洋艦隊の攻撃から自国の商船を守るため、日英同盟により日本へ軍事的な協力を求めてきた。

日本はこの協力を中国進出の好機ととらえ、イギリスの要請を受け入れる。しかし、後にイギリスは日本の意図を見抜き要請を取り消してきた。それでも日本は、戦闘地域を限定することなどを条件に、一九一四年八月二三日に日英同盟にもとづき、連合国の一員として第一次世界大戦に参戦し、ドイツ帝国へ宣戦布告した。その後、八月二六日にはオーストリア＝ハンガリー帝国が日本に宣戦布告する。

青島でのドイツ戦

日本は、宣戦布告後ただちにドイツの東アジア圏における拠点であった青島を攻撃するため約五万人の兵を投入する。一方、主戦場であるヨーロッパに主力を注がざるをえなかったため、兵士の補充ができないドイツ、オーストリア＝ハンガリー軍は、約五〇〇〇名の兵力で応戦することとなる。兵士のすべてが現役兵ではなく、その約三分の一はアジアに居住していたドイツ人たちを予備役・後備役として応召したものであった。

戦闘は、ドイツ軍が守備する要塞などを日本・イ

図9 ● 山東省青島のドイツ軍
ドイツ租借地時代の海岸通りを行進する。鼓笛隊後方の人物は、後に板東俘虜収容所で徳島オーケストラを結成するヘルマン・ハンゼン。

ギリスの連合軍（うちイギリス軍約一〇〇〇名）が攻撃するかたちで開始される。開戦から三カ月後の一一月七日、ドイツは降伏し、青島を明け渡すことになり、兵士たちは捕虜となり日本へ移送された。そして、ドイツ軍が日本軍に降伏した後も、ヨーロッパでの戦闘が長期化したため、四七〇〇名あまりの捕虜は、五年近くものあいだ、日本各地に設置された俘虜収容所に収容されることとなるのである。

2　日本の捕虜取り扱い

国際法遵守の姿勢

日本軍に捕獲されたドイツ兵捕虜たちは、戦闘の終盤ごろから日本国内の収容所に移送されるが、それはドイツ軍が一一月七日に降伏して以降、本格化する。

日本は、この戦争で捕虜となったドイツ兵たちを、一九〇七年（明治四〇）にオランダのハーグで開催

図10●廃屋の陰で休息する青島のドイツ兵

された第二回万国平和会議で改定された「ハーグ陸戦条約（第二ハーグ条約）」にのっとって取り扱った。

日本はこの条約に調印し、一九一二年（明治四五）一月一三日に『陸戦ノ法規慣例ニ関スル条約』および、その附属書として『陸戦ノ法規慣例ニ関スル規則』を公布する（図11）。

この規則には、交戦者や宣戦布告、戦闘員の定義、捕虜や負傷者の取り扱いについて国際条約にのっとった行動をとることが示された。

このなかで捕虜の取り扱いに関しては、規則第二章の第四条から第二一条に定義されている。第四条では捕虜を人道的に取り扱うこと、第六条では将校を除く捕虜を階級・技能に応じて労働者として使役でき、賃金を支払うことができること、第七条では特別な協定がない場合には、

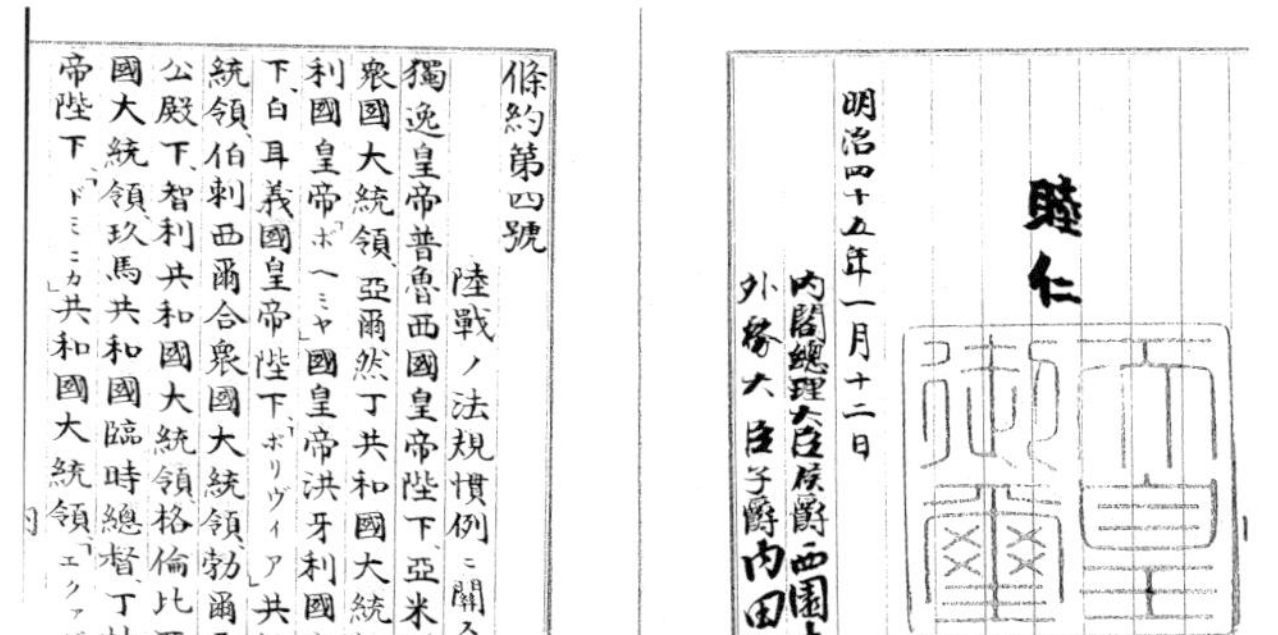

睦仁

明治四十五年一月十二日
内閣総理大臣侯爵西園寺公望
外務大臣子爵内田康哉

條約第四號
陸戰ノ法規慣例ニ關スル條約
獨逸皇帝普魯西國皇帝陛下、亞米利加合衆國大統領、亞爾然丁共和國大統領、墺地利國皇帝「ボヘミヤ」國皇帝洪牙利國皇帝陛下、白耳義國皇帝陛下、「ボリヴィア」共和國大統領、伯剌西爾合衆國大統領、勃爾牙利國公殿下、智利共和國大統領、格倫比亞共和國大統領、玖馬共和國臨時總督、丁抹國皇帝陛下、「ドミニカ」共和國大統領、「エクアドル」共

第二章 俘虜
第四條 俘虜ハ敵ノ政府ノ權内ニ屬シ之ヲ捕ヘタル個人又ハ部隊ノ權内ニ屬スルコトナシ
俘虜ハ人道ヲ以テ取扱ハルヘシ
俘虜ノ一身ニ屬スルモノハ兵器馬匹及軍用書類ヲ除クノ外依然其ノ所有タルヘシ
第五條 俘虜ハ一定ノ地域外ニ出テサル義務ヲ負ハシメテ之ヲ都市、城寨、陣營其ノ他ノ場所ニ留置スルコトヲ得但シ已ムヲ得サル保安手段トシテ且該手段ヲ必要トスル事情ノ繼續中ニ限リ之ヲ幽閉スルコトヲ得
第六條 國家ハ將校ヲ除クノ外俘虜ヲ其ノ階級及技能ニ應シ勞務者トシテ使役スルコトヲ得其ノ勞務ハ過度ナルヘカラス又一切作戰動作ニ關係ヲ有スヘカラス
俘虜ハ公務所、私人又ハ自己ノ為ニ勞

図11 ● 陸戦ノ法規慣例ニ関スル条約および同規則
上：条約。下：俘虜に関する規則。日本はこの戦争で捕虜を国際条約・規則にしたがって取り扱い、無事に解放することで、近代国家として欧州各国から認められようとしていた。

捕虜を捕らえた政府の軍隊と対等な糧食・寝具・被服を提供すること、第一四条では交戦国は戦争開始時に「俘虜情報局」を設置し、問い合わせへの回答と捕虜に関する情報収集をおこなうことなどが規定されていた。

捕虜の移動と臨時の収容所

青島での戦闘におけるドイツ兵捕虜四七〇〇名あまりの大半は、青島近郊の労山（ろうざん）港の沙子口（さすこう）から日本へ移送された。捕虜は交戦中から徐々に増加したため、一九一四年一〇月六日に開設された久留米俘虜収容所には、同月九日に門司港に到着した捕虜第一陣の五五名が移送される。

青島のドイツ軍降伏後の一一月一一日からは本格的な日本移送がはじまった。同日に八カ所（東京・名古屋・大阪・姫路・丸亀・松山・福岡・熊本）、一二月三日に三カ所（静岡・徳島・大分）の収容所が開設され、順次捕虜が移送された（**図12**）。

図12 ● 徳島・小松島港に上陸した捕虜（1914年〔大正3〕12月17日）
大阪から小松島の港についた捕虜たちは、この港から10km北の徳島俘虜収容所まで臨時列車で移動した。

これら国内一二地域に設置された収容所は、既設の施設を借り上げて使用する陸軍の方針にもとづき、改修し、衛兵所・炊事場などの補足設備を整備した臨時的なものであった。

捕虜が収容された施設を本来の用途別にみると、寺院の二二施設がもっとも多く、ついで公会堂や議事堂・物産館・小学校校舎等の公共建物が八施設、日本赤十字社などの病院関係施設が五施設、料亭跡などの民間施設と陸軍および警察の施設がそれぞれ二施設であった。寺院や公共施設など、多くの人員を収容できる既存の建物が収容施設の対象となったことがわかる（**図13**）。

また、一二地域の収容所のうち一カ所に集約して捕虜が収容できたのは、東京と名古屋・大阪・徳島の四地域で、残りの三分の二の収容所では複数の施設に捕虜を分散して収容し、捕虜収容施設としてのまとまりを欠くものが多かった。

日本は第一次世界大戦が早期に終わり、捕虜を短

図13●松山市の大林寺を使用した松山俘虜収容所
松山俘虜収容所の施設は7カ所に分散していた。この写真が撮影されたとき、これから長い捕虜生活がはじまるとはだれも想像していなかったであろう。

期間で解放できると見込み、既存施設を使用した施設で対応しようとしたのである。これら一二地域の施設を「前期捕虜収容所」とよぶこととする。

専用施設の建設

しかし第一次世界大戦は、日本が考えていた以上に戦局が悪化し長期化したことで、捕虜の収容期間が長引くことになった。そのため陸軍は、既存施設に収容する当初の方針を変更せざるをえなくなり、陸軍用地内に新施設を建設し統合することとした。これは、土地・建物を収容所施設として提供している所有者に返す必要が生じたことと、収容所の環境改善や管理・警備体制を強化する必要が生じたためである。

新たな捕虜収容所が整備されたのは、久留米（福岡）・習志野（千葉）・名古屋（愛知）・似ノ島（広島）・青野原（兵庫）・板東（徳島）の六カ所である。久留米・名古屋については前期捕虜収容所と同じ名称だが、いずれも新設の収容所である。これらドイツ兵捕虜を収容するために建設された六カ所の専用施設を「後期捕虜収容所」とよぶこととする。

後期捕虜収容所については、陸軍省が一九二〇年（大正九）にまとめた『大正三年及至九年戦役俘虜取扱顚末』から、兵舎は木造板葺きを標準とし、採光・通気の便を図った建物としたこと、そのほか電灯・水道の設置や冬期の暖房器具の設置、浴場・炊事場・休養室・酒保をともなった施設であったことがわかる。

これら施設の個別の構造や配置をあらわした図面類は残されていないが、前・後期の捕虜収容所の立地や建物内外の状況と、捕虜の収容状況や生活の様子を記録した写真が、俘虜情報局により一九一八年に発行された『大正三四年戦役俘虜写真帖』に掲載されている。

3　突貫工事で建設

秘密裏に進められた建設

一九一六年（大正五）一二月五日付で、陸軍大臣から陸軍第一一師団（香川県善通寺市）に「板東俘虜収容所」建設の命令が下された。この命令の目的は、すでに四国内に設置されていた徳島・丸亀・松山の収容施設を一つに統合し、環境改善と取締上の不便を解消するため、捕虜の収容換えを翌年の四月におこなうことにあった。

陸軍大臣からの命令には、①新設兵舎は約一〇〇〇人を収容できるものとする、②新築兵舎建築経費は約九万円以内、捕虜移送旅費は約五〇〇〇円とする、③新設兵舎は一九一七（大正六）年三月までに完成させ、直ちに松山・丸亀・徳島の三カ所に収容する捕虜と、できるかぎりその他の収容所で収容換えのある捕虜を収容する、ことが記されていた。

この命令と、収容所施設の標準的な内容を記したと考えられる「設計要領書」を受理した第一一師団経理部は、ただちに板野郡板東村（現・鳴門市大麻町板東字桧）にあった板東演習場内に収容所の建設にとりかかった。陸軍は事前に設置場所の選定や地域情報を収集し、板東演習場内での施設配置や建物設計図を作成していたものと思われ、それが土地の造

図14 ● 板東俘虜収容所の建設
工事入札は1916年〔大正5〕12月20日におこなわれ、3カ月あまりの突貫工事で完成させた。相当な人員を投入した工事であったと思われる。

成から約四〇棟もの建物の建設を三カ月という短期間で完了することができた理由と考えられる。

最初の工事では、地元住民が板東演習場内に俘虜収容所を建設していることを知った際の反対運動を避けるため、鉄条網や外観から収容所としての用途が明らかとなってしまう施設を工事対象から外している。それはあたかも演習場に宿舎を建設しているかのような印象を地域住民に与えながらの突貫工事であった（**図14**）。

開所予定時期が迫った一九一七年二月二〇日に、最初の工事に含めていなかった周囲の二重柵や製パン所・上水道施設など、八件の施設の入札がおこなわれたのち工事がはじまる。

三月一二日に、陸軍省副官より徳島俘虜収容所に対して、徳島・丸亀・松山の各俘虜収容所から板東俘虜収容所への収容換えの準備を進める旨の連絡が入ったことで、具体的に収容所の統合がおこなわれることが知られることとなる。それ以降、捕虜の移送準備が本格化し周辺住民の知るところとなった。

ドイツ兵捕虜を受け入れた地元住民

板東演習場に俘虜収容所が設置されることを知った板東町は、完成が迫った一九一七年三月二四日の町議会で、「板東俘虜収容所ニ対シテハ、精々便宜ヲ与ヘ、且ツ町ノ利益発展ヲ増進スルニ勉ムルコト、セン」と、町として収容所にたいして便宜を与えるとともに、町の利益と発展を得ようという提議がなされた。

この提議を受け議論した結果、町議会議員のなかから議長が四名を委員として指名し、小事件についてはこの四名が対処し、大事件については議員全員で協議すること、さらに委員には「俘虜収容所ト町民トノ間ニ処シ、相互ノ便益ヲ図ル」ことを議決している。この議決から、陸軍が懸念していたような俘虜収容所設置に対する反対運動は起こらず、逆に地域振興につながるとして積極的に受け入れようとしている姿勢を読み取ることができる（**図15**）。

ドイツ兵捕虜の転収

第一一師団は、一九一七年三月末に、敷地面積約五万六五〇〇平方メートルのうち約二万九七〇〇平方メートルの造成と、一〇棟の捕虜収容兵舎を含む約四〇棟の施設を、わずか三カ月という短期間で完成させた（**図16**）。なかでも二回目の入札で工事がはじまった二重柵・製パン所・上水道施設は、一カ月足らずの工期で完成させなければならなかったこ

図15 ● 板東俘虜収容所を遠巻きに眺める地元住民
静かな農村地域にやって来た異国の捕虜の姿は、地元住民の目にどのように映ったのだろうか。そしてこの写真を撮った捕虜には、地元住民はどのようにみえただろうか。

とから、相当な人員を投入した作業であったと考えられる。

そして、四月六日に徳島から二〇六名、八日に丸亀から三三三名、九日には松山から四一四名のドイツ兵捕虜を無事に転収させた（図17）。

所長松江豊壽と所員

板東俘虜収容所長には、徳島俘虜収容所長であった松江豊壽（とよひさ）が就任した（図18）。松江はドイツ兵捕虜を人道的に取り扱ったことで知られ、そのエピソードは映画『バルトの楽園』でも紹介されている。松江は旧会津藩出身で、一八七二年（明治五）に福島県若松市（現・会津若松市）に生まれる。一八八九年（明治二二）、一六歳で陸軍幼年学校に入学したのを皮切りに陸軍での生活がはじまる。

中国山東省や韓国での勤務をへて、一九一四年一二月三日に徳島俘虜収容所長に赴任する。その後、四国内の収容所の統合により、一九一七年四月九日

図16 ● 板東俘虜収容所全景（北側から）
中央に整然とならぶ兵舎を取りかこむようにさまざまな施設が建つ。手前の池の周囲は捕虜の憩いの場になった。このような場所があるのは、この収容所だけである。

から一九二〇年四月一日まで板東俘虜収容所長を勤め、第一次世界大戦終結後の一九一九年（大正八）一一月には「ドイツ俘虜送還委員」に就任した。

一九二二（大正一一）年に陸軍を退役後、同年一一月に第九代福島県若松市長に五〇歳で就任した。一九二五年（大正一四）一一月、同市長を三年で辞任するが、その後、計画された飯盛山の白虎隊墳墓拡張工事に尽力する。晩年は東京で暮らし、一九五五年五月二一日に八二歳で死去した。

松江は徳島・板東での所長時代、「捕虜に甘い」という警告や非難を軍部から受けていたが、つねに敗者をいたわるという信念を貫いた。「敵をも敬う」ことを信念とした行動は、松江の父が会津藩士であったことが大きく影響していたと考えられる。この信念に共感した所員の協力で、板東俘虜収容所の管理運営はドイツ兵捕虜たちから模範収容所として評価された。

徳島俘虜収容所時代から松江の副官としてともに

図17 ● 捕虜の移動
吉野川に架かる古川橋を渡る捕虜たちで橋上は埋めつくされている。
写真中央には捕虜が背負ったコントラバスがみえる。

収容所を管理した高木繁は、ドイツ語に精通し、捕虜たちの立場を考えた対応をとりつづけた人物であった。

高木は、一八八六年(明治一九)に香川県丸亀市に生まれる。大阪陸軍地方幼年学校から陸軍士官学校へと進んだ。松江所長とともに徳島と板東の俘虜収容所に赴任する。高木は語学が堪能で、イギリス・ドイツ・フランス・イタリア・ロシア・中国など七カ国の言語に精通していたこともあり、流暢なドイツ語でドイツ兵捕虜たちの請願や苦情・照会に対処したという。

板東俘虜収容所閉所後は、福山連隊などの勤務をへて一九二九年(昭和四)、陸軍中尉で退役する。兵庫県外事課やドイツ系薬品会社に勤務した後、一九三五年(昭和一〇)に満州のハルビンに移り外資系百貨店に勤務するが、そこで日中ソ間の情報戦に従事したと考えられている。第二次世界大戦後にソ連軍の捕虜となり、一九五三年四月三〇日にソビエト連邦スヤンドロフスク州アザンの病院で六八歳で死去したと伝えられている。

図18●板東俘虜収容所の所員
左から4人目が所長松江豊壽、その左隣りが副官高木繁。

運営および管理体制

収容所の運営は約二〇名の常駐の所員が担当した。文書の管理作成・経理・医務・通訳のほか、郵送物の授受と検閲・新聞雑誌の検閲・面会・食事の配給などを業務とした。

収容所の警備は徳島市内に拠点をおく歩兵第六二連隊から、一週間交代で衛兵分遣隊の五六名が担当した。捕虜の逃走予防と出入りする者の監視・営倉の管理・ラッパ手の配置などである。衛兵所には三八式小銃と実弾三〇〇発が備えつけられており、分遣隊員は歩哨任務にあたる際に携行していた。業務に携わった所員・分遣隊員すべてが松江所長の管理方針に共感していたのではなく、その対応に批判的な者もいた。また、収容所正門前には警察官出張所が設置され、三交代で三〇名の警察官による日々の監視があった。

4　ドイツ兵捕虜の特徴

職業軍人は全体の九・七パーセント

すでにふれたように、日独戦争で戦ったドイツ兵の約三分の一は、アジア各地から招集されたり志願した予備役、後備役、国民兵であった。招集される以前は、それぞれがさまざまな仕事に就いており、なかには日本で働いていたドイツ人も含まれていた。

陸軍は、彼らの技能や知識を地域の産業振興に活用するための調査をおこない、各収容所は所内での専門的な労働や所外の事業所や個人からの雇用の要望に応えていく。

板東俘虜収容所の捕虜が独自に調査した入隊前の職業調べでは、調査の対象となった一〇一九名のうち、職業軍人は九九名で全体の九・七パーセントなのにたいして、機械・金属加工、食品加工、仕立て職人、美容師、時計職人などさまざまな職業の職人が五一五名で五〇・五パーセントも占め、そのほか商業に従事していた者は三〇三名で二九・七パーセント、工場労働者が四九名で四・八パーセント、法律家・教職・宣教師などが三二名で三・一パーセント、官公吏が二一名で二・〇パーセントという構成であった。

板東俘虜収容所では、収容所の経費削減を目的として、捕虜に所内の厨房や製パン所での作業や被服類の修繕などに「労役」というかたちで従事させ賃金を支払っている。さらに、捕虜のあいだで物販や各種サービスの提供と、それぞれがもつ知識を使い語学や簿記などの講習やドイツの歴史などの講演活動を認めていた。

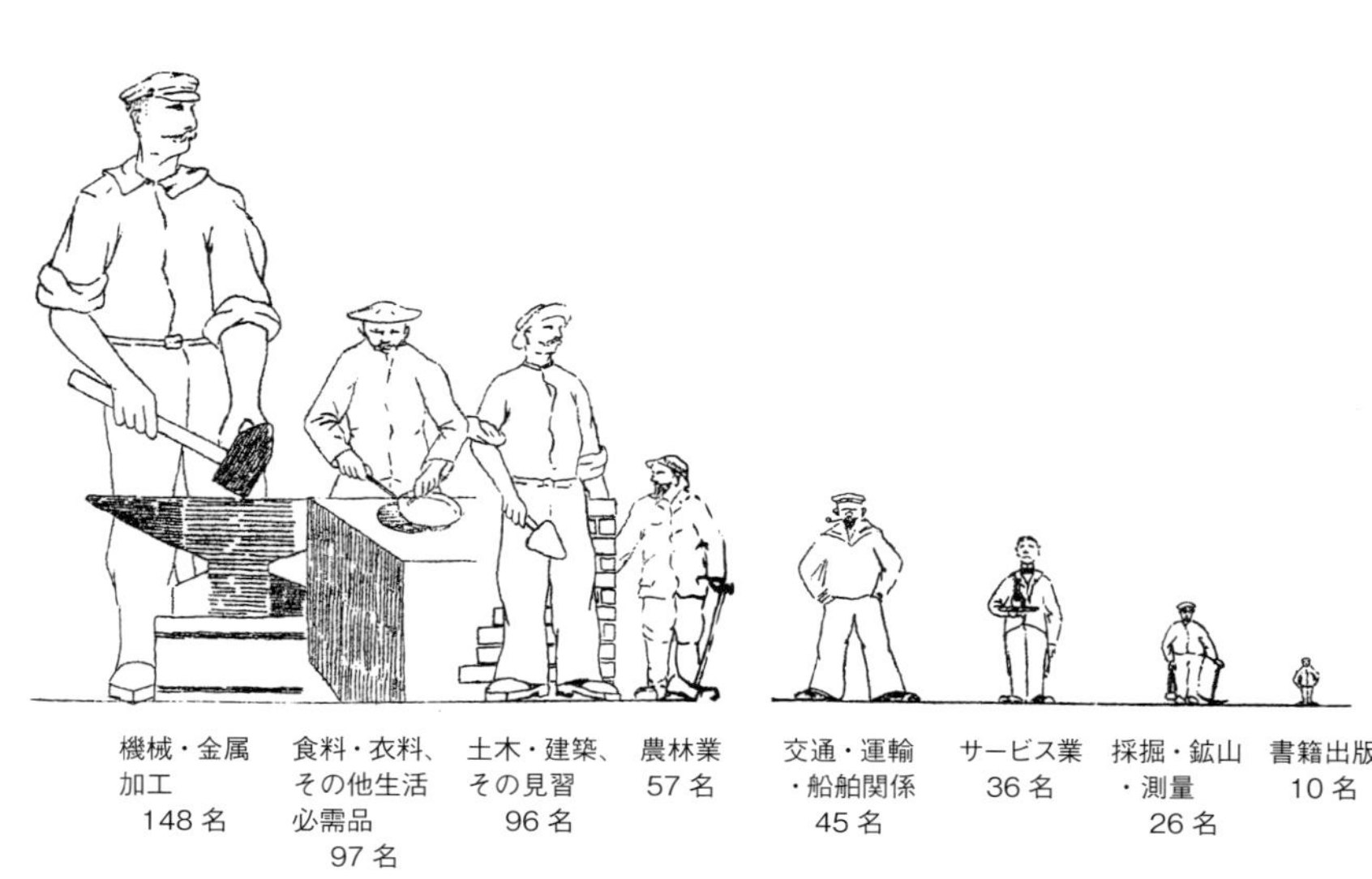

図19●さまざまな職業の職人515名の内訳
捕虜がいかに多様な技術・技能を保持した集団であったかがわかる
（『板東俘虜収容所新聞』1919年〔大正8〕2月16日）。

第3章　姿をあらわした収容所

1　収容所内の配置

全体を俯瞰できる『板東俘虜収容所要図』

板東俘虜収容所の発掘調査をおこなうにあたり、収容所内の個々の施設の位置を知る手がかりとした資料の一つに『板東俘虜収容所要図（Karte Des Kriegsgefangenenlager Bando, Japan. Blatt 1 Das Lagergrundstück)』（以下『要図』、**図20**）がある。

これは一九一九年（大正八）五月に、所内の石版印刷所で印刷され、捕虜むけに販売された図で、収容所の管理部から依頼を受けた測量技術を有する捕虜が一九一八年夏に現地測量した平面図を六二五分の一に縮小し、五色刷りで印刷したものである。

この図の特徴は、陸軍が建てた施設を赤色に、捕虜が建てた施設を茶色に色分けしている点にある。ただし、この図がどこまで正確なものかが検証されていなかったことから、発掘調査

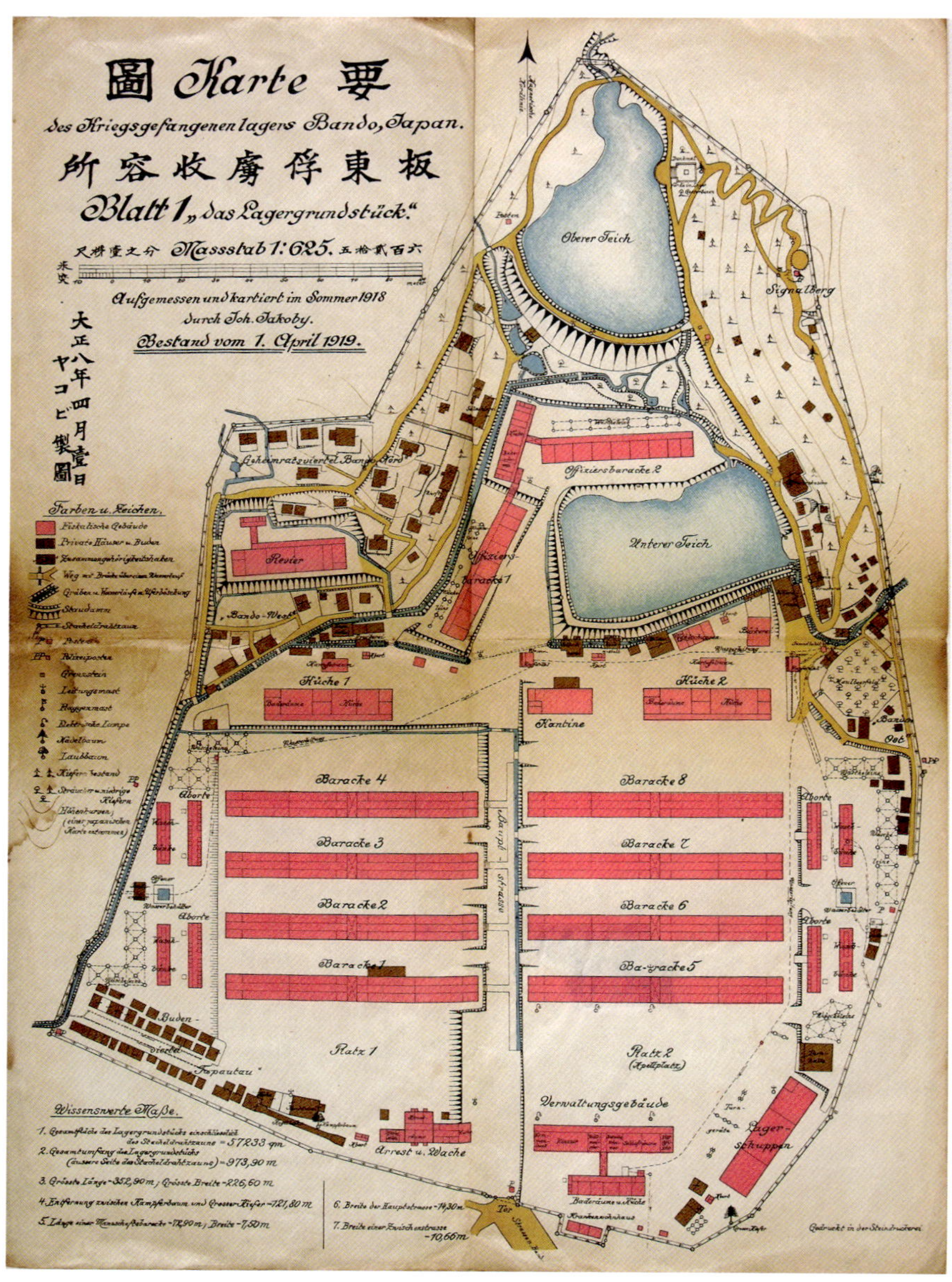

図20 ●『板東俘虜収容所要図』

赤色が日本側が設置した施設、茶色がドイツ兵捕虜たちが建てた小屋（店舗や別荘など）をあらわす。この測量が終わった後の1919年に入ると、左右の山の斜面につぎつぎと捕虜たちの別荘が建設される。

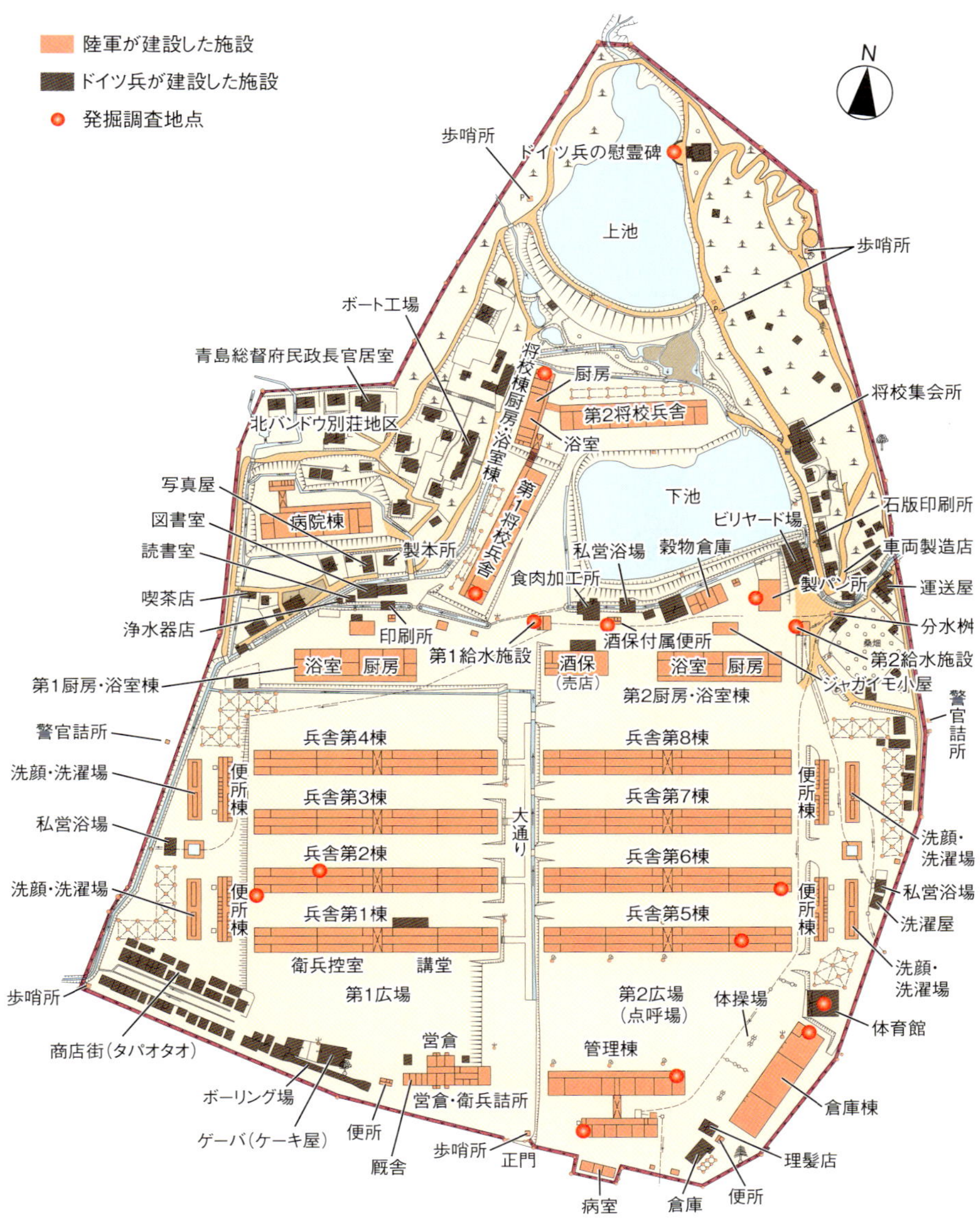

図21 ●『板東俘虜収容所要図』の日本語訳（主要部分のみ）**と発掘調査地点**
兵舎周辺の空きスペースは、ほぼ捕虜たちの建物で埋め尽くされている。
地表に遺構が残らない施設は、『要図』を参考にし調査地点を決定した。

と並行して『要図』の精度についても検証すると、『要図』に描かれている場所と同じ位置・方向で遺構を確認することができた。

こうして『要図』は精度の高い測量図であることがわかったことから、現在失われている施設についても、その位置を特定することができた。

なお、発掘調査をはじめるにあたり、まず板東俘虜収容所の範囲や各施設の構造を示す陸軍が作成した図面類をさがしたが、残念ながらそうした図面類は残されていなかった。それでも陸軍省が一九一〇年（明治四三）に発行した『第四十五号　建築要領草案』（以下、『草案』）に、連隊司令部の庁舎や連隊および大隊本部などで建設される「厨房浴室及魚菜調理所」や「顔洗洗濯所洗濯台」「壹個建厠」「物干杭」といった小規模施設のレイアウト案や、使用された材料などの情報が記されており、参考にすることができた。

板東俘虜収容所の様子を知る手がかり

また『要図』以外にも、発掘調査を実施するにあたって参考となった資料がある。一つは『日本国板東俘虜収容所案内(Fremdenführer durch das Kriegsgefangenenlager Bando, Japan)―久留米から来た戦友のために―』（以下、『ガイドブック』、**図22左**）である。

この『ガイドブック』は、一九一八年（大正七）八月七日、久留米俘虜収容所から転収されてきた八九名の捕虜のために、すでに収容されている捕虜が作成した収容所の総合案内書で、新入りには無料配布された。三部構成となっており、第一部に収容所の各施設の名称と役割や利用情報が広告入りで紹介されている。遺構だけでは読みとれない捕虜の生活実態が理解できる資料である。

もう一つは『板東俘虜収容所案内記1917/8 (Adressbuch für das Lager Bando 1917/18)』(以下、『案内記』、**図22右**)で、久留米俘虜収容所から転収される以前の一九一七年(大正六)の年末ごろの収容者の名簿と、兵舎内における居住場所を図で記した、いわば所内の住所録である。

さらには、捕虜が撮影し所内で販売された日常のスナップ写真や風景写真も残されており、収容所内外における捕虜たちの生活風景や地域住民との交流の様子がわかる。これらの資料に加え、所内で捕虜が発行していた『板東俘虜収容所新聞(Die Baracke)』や『日刊電報通信(Täglicher Telegrammdienst Bando)』といった情報誌も参考にした。

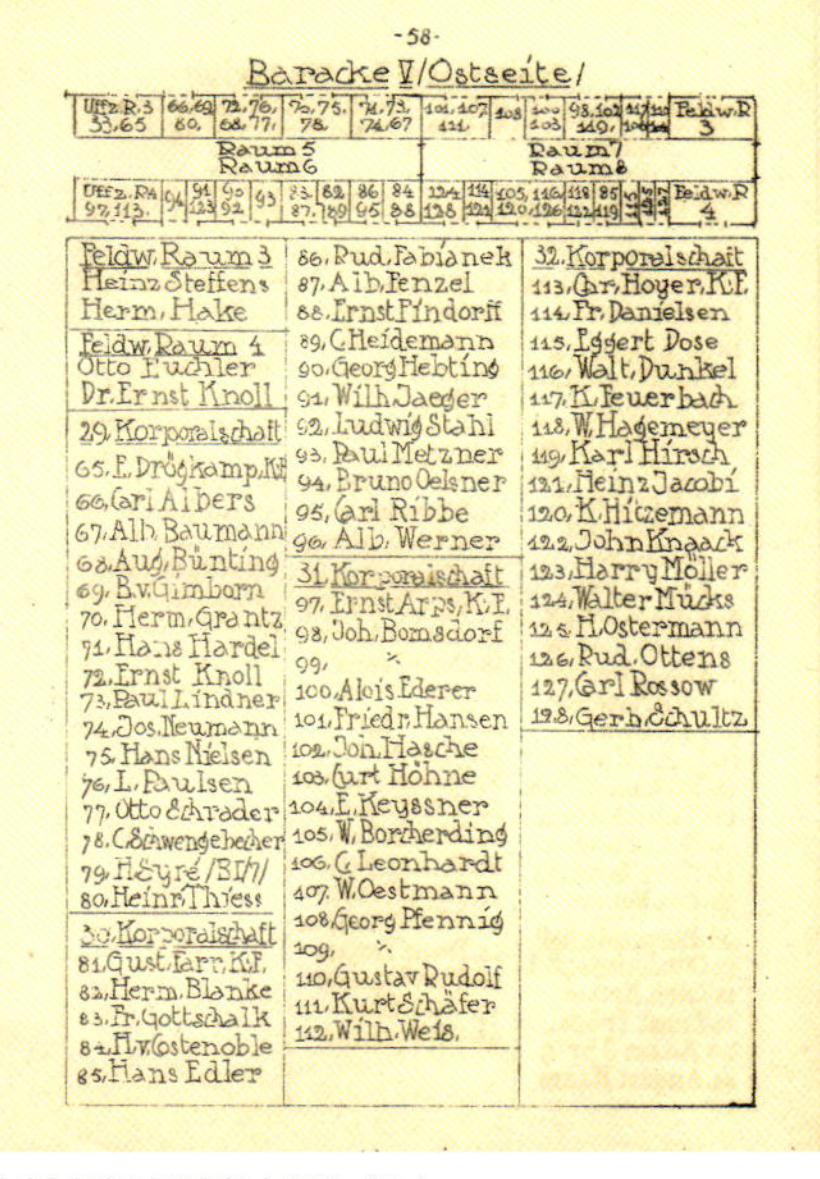

-58-

Baracke V/Ostseite/

Raum 5
Raum 6
Raum 7
Raum 8

Feldw. Raum 3
Heinz Steffens
Herm. Hake

Feldw. Raum 4
Otto Fuchler
Dr. Ernst Knoll

29. Korporalschaft
65. E. Drögkamp, K.F.
66. Carl Albers
67. Alb. Baumann
68. Aug. Bünting
69. B. v. Gimborn
70. Herm. Grantz
71. Hans Hardel
72. Ernst Knoll
73. Paul Lindner
74. Jos. Neumann
75. Hans Nielsen
76. L. Paulsen
77. Otto Schrader
78. C. Schwengebecher
79. H. Eyré /BI/7/
80. Heinr. Thiess

30. Korporalschaft
81. Gust. Farr, K.F.
82. Herm. Blanke
83. Fr. Gottschalk
84. H. v. Ostenoble
85. Hans Edler

86. Rud. Fabianek
87. Alb. Fenzel
88. Ernst Pindorff
89. C. Heidemann
90. Georg Hebting
91. Wilh. Jaeger
92. Ludwig Stahl
93. Paul Metzner
94. Bruno Oelsner
95. Carl Ribbe
96. Alb. Werner

31. Korporalschaft
97. Ernst Arps, K.F.
98. Joh. Bomsdorf
99.
100. Alois Ederer
101. Friedr. Hansen
102. Joh. Hasche
103. Curt Höhne
104. E. Keyssner
105. W. Borcherding
106. C. Leonhardt
107. W. Oestmann
108. Georg Pfennig
109.
110. Gustav Rudolf
111. Kurt Schäfer
112. Wilh. Weis.

32. Korporalschaft
113. Chr. Hoyer, K.F.
114. Fr. Danielsen
115. Eggert Dose
116. Walt. Dunkel
117. K. Feuerbach
118. W. Hagemeyer
119. Karl Hirsch
121. Heinz Jacobi
120. K. Hitzemann
122. John Knaack
123. Harry Möller
124. Walter Mucks
125. H. Ostermann
126. Rud. Ottens
127. Carl Rossow
128. Gerh. Schultz

図22●『**日本国板東俘虜収容所案内**』(左)と『**板東俘虜収容所案内記**』(右)
左の『ガイドブック』では、第2部で所外に築いた施設の利用方法の説明、第3部で捕虜の公共組織とスポーツ・文化活動団体の活動内容と入会案内が記されている。
右は『案内記』の本文、兵舎第5棟東棟の居住場所案内のページ。

収容所の立地と施設の配置

板東俘虜収容所は北側の低丘陵のあいだの谷筋と、その前面にひろがる板東谷川によって形成された扇状地の一部を利用して建設された（図23）。そのため収容所は、谷の上部となる北側がせまく、下部となる南側が広い台形状となっている。

鉄条網でかこまれた敷地の面積は開設当初は約五万六五〇〇平方メートルで、南北の最大長は約三五三メートル、東西の最大長は約二二六メートルある。北の谷筋には収容所設置以前から農業用の溜め池が二つあり、北側は「上池」、南側は「下池」とよばれていた。下池の南側付近で谷が開け、そこからはゆるやかな傾斜で徐々に標高を落としていく。

『要図』をみると（図20・21参照）、敷地の南端中央付近に収容所の正門をおき、そこから下池付近までのゆるやかな傾斜に、「大通り」と捕虜たちがよんだ通路が設置される。下士官以下の捕虜を収容する兵舎は大通りをはさんで両側に四棟ずつ立ちならぶ。東西の兵舎の南側は広場になっていて、東側は点呼をとる場所として使われた。

トイレと洗顔・洗濯場は兵舎の外につくられた。東西それぞれの鉄条網よりに兵舎二棟にたいし厠棟と洗濯・洗顔所を各一棟、北側には厨房・浴室棟を一棟ずつ整然と配置する。

南端の正門の両翼には、収容所を管理運営するための施設が立ちならぶ。正門を入り、むかって右側（東側）には管理棟と倉庫棟が、左側（西側）には営倉と衛兵詰所がおかれている。

一方、兵舎の北側、下池周辺には、南側の堤防下に、西に酒保と付属する厠、東に穀物倉庫と製パン所がつくられ、池の東西端付近にそれぞれ給水施設を配置する。

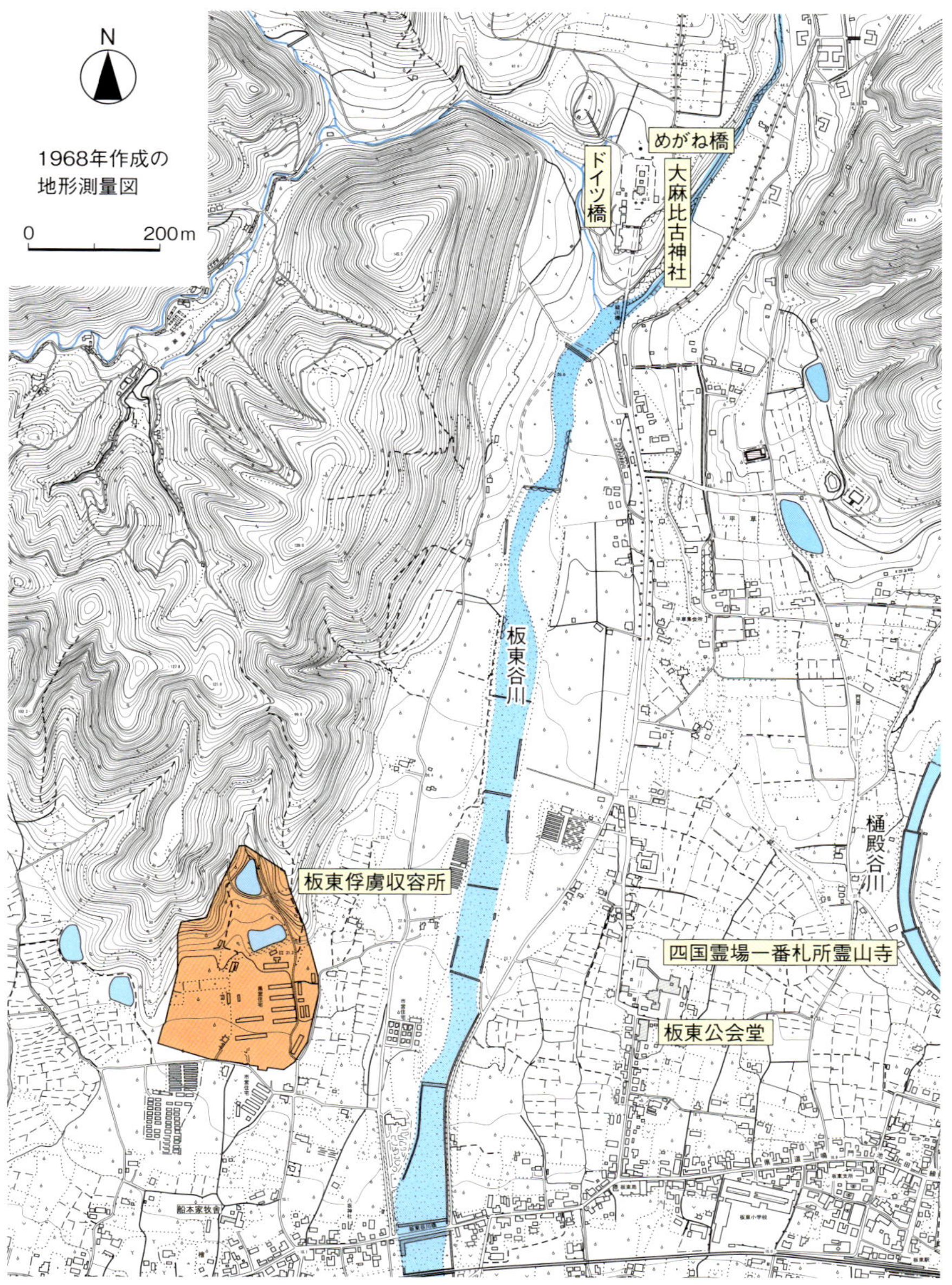

図 23 ● 板東俘虜収容所周辺の地形
板東谷川をはさんで収容所の東には四国八十八箇所霊場一番札所霊山寺が位置する。
北側には阿波一宮大麻比古神社が鎮座し、その背後に阿讃山脈が峰を連ねる。

下池の北および西には「へ」の字状に将校専用施設が建つ。西側には第一将校兵舎と将校専用兵舎付属の厨房・浴室棟が縦列し、その横に第二将校兵舎が通路によって接続している。第一将校兵舎の西側には尾根を開削して病院棟が建つ。

これらのほか、要所要所に監視のための歩哨所と鉄条網の外には警察署出張所や警官詰所が配置されていた。

捕虜が建てた施設

一方、この収容所の特徴として、収容された捕虜たちが所内における経済・文化活動や個人的な使用の目的で一〇〇棟以上の建物を建設したことがあげられる。

それらは陸軍が建設した施設がない空き地にいくつかまとまって建設されている。まず、目につくのが、南西側の敷地境に立ちならぶ小建物群である。捕虜がタパオタオ（大鮑島＝中国青島の繁華街の名前）と名づけた商店街で、四〇棟以上の建物が三列にならび、ボーリング場や菓子店、コーヒー店、家具屋、時計修理屋、写真屋などが軒を連ねていた。

また下池の南側堤防下には、軍の施設のあいだに肉屋、小料理屋、私営浴場が、西側の病院棟周辺には謄写版印刷所、喫茶店、図書室、ボート工房などが立ちならぶ。さらに病院棟の北側の尾根では、一部鉄条網でかこまれた範囲外を捕虜たちみずからが造成し、青島総督府民政長官の居宅や別荘を構えたことで、収容所の敷地を七〇〇平方メートル拡張している。

一方、東の尾根周辺には運送屋、石版印刷所、そしてレストランとビリヤード場をそなえた将校集会所がならぶ。将校集会所の背後から上池東側にかけての尾根にも別荘群があり、そしてその北端には、本書冒頭でふれた収容所で死去した戦友を慰霊した記念碑が建立されている。捕虜というと、わたしたちは兵舎に押し込められているイメージをもつが、それとはずいぶん異なった様子なのだ。では、次節から発掘調査で明らかになった各施設をみていこう。

2　捕虜が生活した兵舎

平屋の長屋

収容所に建設された兵舎は簡易的な宿泊施設であるものの、その基礎はレンガ積みであった。公園として整備された範囲の一部に、当時の基礎の一部が残されている。

公園内に残されたレンガ基礎と『要図』を照らし合わせると、第五棟から第八棟の東側部分の約三〇メートルほどが残っていることがわかる。しかしながら、公園整備の際に一部のレンガ基礎が撤去され、園路や四阿、記念碑などが設置されたことにより、全体を確認できるのは第五棟のみとなっている（**図24**）。

建物基礎の構造を把握するため兵舎第五棟で実施した発掘調査では、基礎最下部で幅四四センチ・高さ一三センチの基礎コンクリートを確認した（**図25**）。この上にのる下部のレンガ積みは長手・小口を二列でならべて幅一枚半とした二段積みで、その上部のレンガ積みの立ち上がりはレンガを小口積みと長手積みを交互に五段積み上げる一枚積みとしている（**図26**）。最上段平坦面の目地には、木製の土台を固定するためレンガの一部に穴をあけアンカーボルトを埋め込んでいる。

兵舎内の中央には通路が一直線にのび、その両側は居住部分となり、板張りの居室がつくられていたが、床下部分にあった束石などの床組遺構は残っていない。

当時の写真から、レンガ基礎の上には木造平屋建ての建物があったことがわかる。兵舎建物の一部は昭和四〇年代の解体時に地域住民らが引き取り、細切れではあるものの、複数棟に分割され現在まで残るものがある。当時の写真や引き取られた建物から、小屋組はいわゆる洋小屋トラスとされるキングポストトラス（真束合掌）を採用した切妻造りの建物であったことがわかる（**図27**）。なお、現存する建物の一部は、現在「道の駅第九の里」に再移築され活用されている。

図24 ● 兵舎第5棟跡（東から）
公園入り口を入って最初にある兵舎跡。中央に細長く通路を設けるなど、その構造から「廠舎」とよばれる臨時的な建物であったことがわかるが、出入り口の土台は角柱状の花崗岩が使われている。外側の石敷きが設置された時期は不明。

図25 • 兵舎の基礎
写真は第2棟の基礎。短期間で完成させた兵舎だが、その基礎は割栗石を敷き込んで突き固めた上にレンガ基礎を築いている。

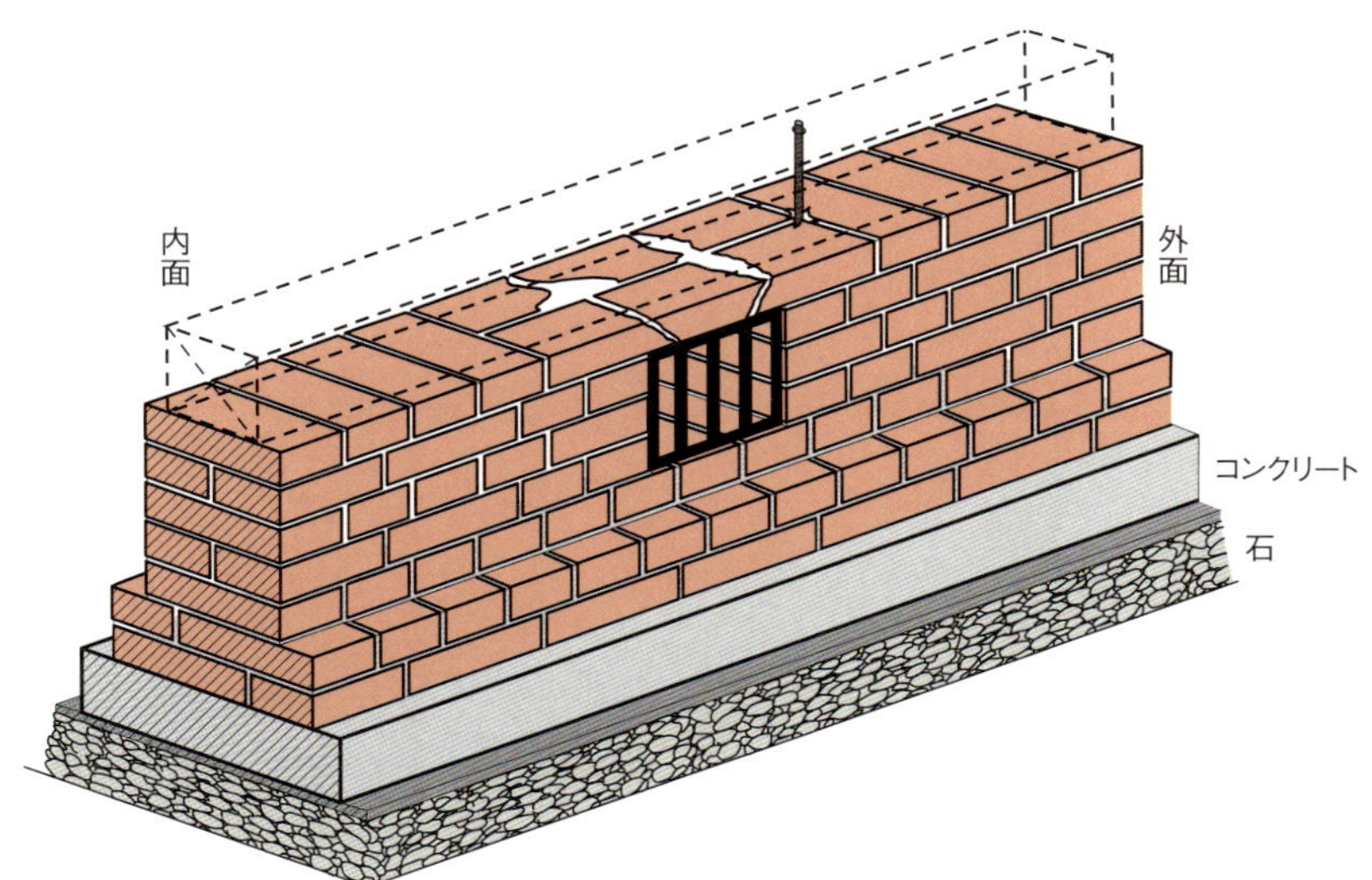

図26 • 兵舎のレンガ基礎模式図
レンガ基礎は、長手と小口を一段ずつ交互に積み、上下に目地を通さないようずらすイギリス積みが採用されている。

八棟ある兵舎のうち、捕虜が収容されていたのは第二棟から第八棟で、『案内記』によると、久留米俘虜収容所からの転収前には、一棟の平均収容人数は一二六名であった。板東俘虜収容所では、兵舎の居室部分を間仕切りで仕切ることを認めたため、一部屋に一～四人が生活していた（図28）。

第一棟の東半分は、日本側の許可を得て捕虜が講堂に改修している（図29）。ここでは、語学の学習や演劇、音楽演奏会など、捕虜たちの文化的な活動がおこなわれるとともに、日本人の出入り商人による物販が日替わりでおこなわれた。

レンガ基礎

この兵舎のほか、所内の建物のうち管理棟、厨房・浴室棟、倉庫棟は、レンガ基礎の上に木造平屋の建物を構築していたが、いずれのレンガ基礎も同じ構造でつくられている。現存しないが、陸軍省から第一一師団に収容所の建設命令と一緒に送られた「設計要領

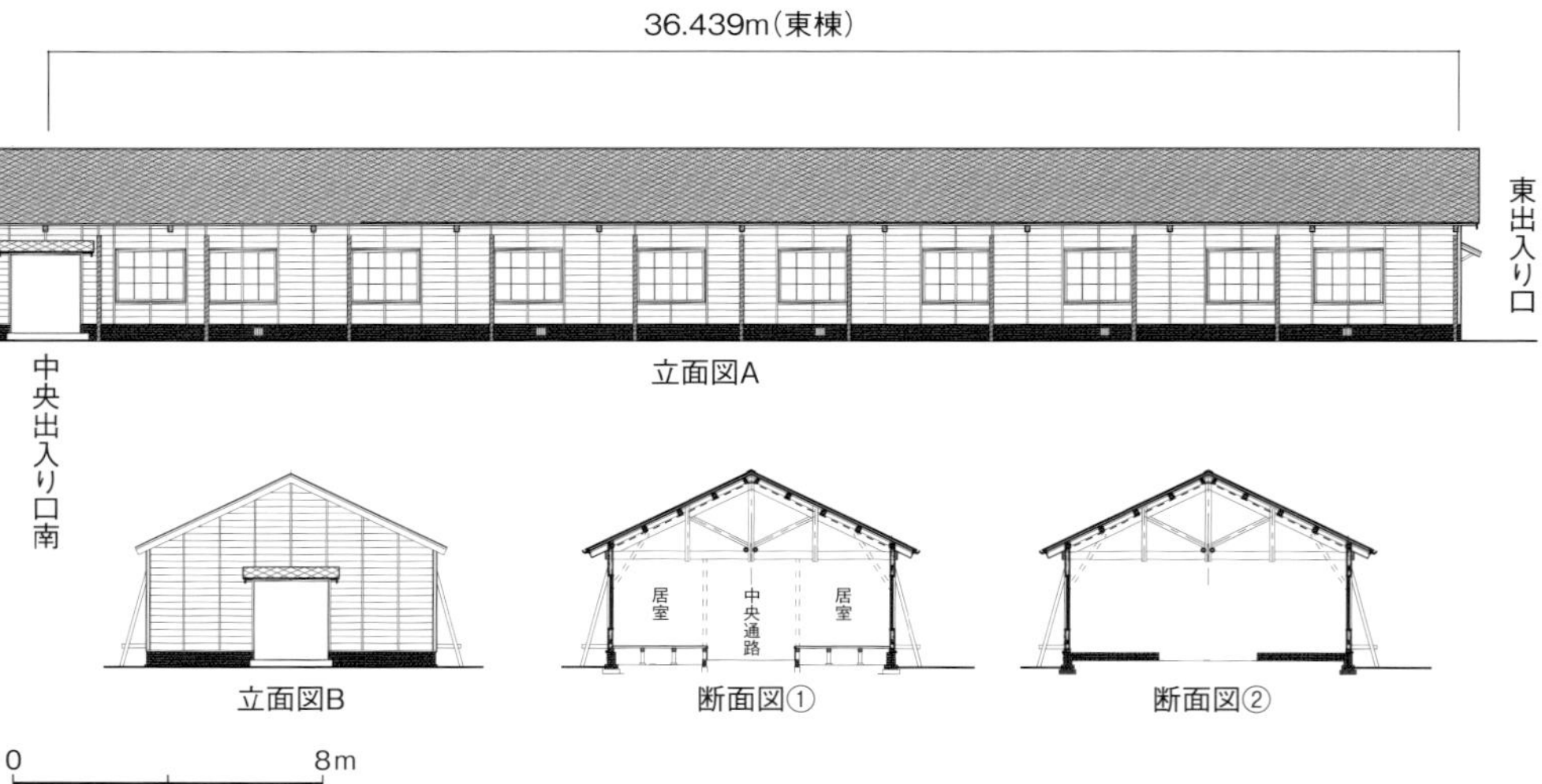

図27 ● 兵舎第5棟東棟の復元図（中野真弘氏作成）
一般の兵舎は幅7.5m、長さ73m。兵舎中央の南北と東西端の計4カ所に出入り口を設ける。

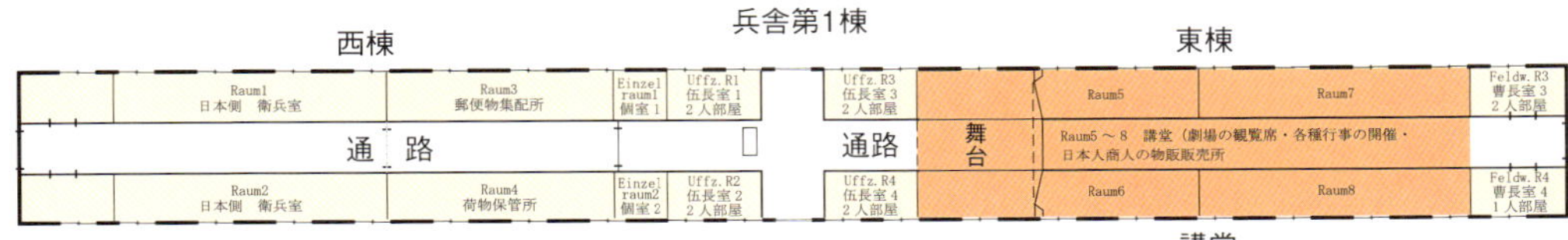

兵舎第4棟
西棟
ごみ処理業
西出入り口
Feldw. R1
曹長室 1
2 人部屋
2
3/
5
11/12/
14/15
6/10/
13/16
7
4/8
/9
42
46
38
48
34/
35/40
43
39/44/
45/47
36/37
/41
Uffz. R1
伍長室 1
1/17
Raum1
Raum2
通　路
仕立屋
Raum3
Raum4
Feldw. R2
曹長室 2
2 人部屋
25/
27/30
32
29
20/
22
18/19/
23/24
21/
31
26/
28
50/51/
53/60
52/57/
59/63
54/56
/61
62
55
Uffz. R2
伍長室 2
33/49
洗濯屋
仕立屋
家具屋
中央出入り口
ビール販売
東棟
Uffz. R3
伍長室 3
65/76
66/
73
75/
71
74
67/70
/69
72/
87
105
93/
106
96/95/
98/107
97/103/
104/99
94/
101/102
Feldw. R3
曹長室 3
2 人部屋
Raum5
Raum6
通　路
Raum7
Raum8
Uffz. R4
伍長室 4
92/108
86/79
/91
85/78/
82/90
84
81
88
77/80/
83/124
112/111/
114/123
117/115/
119/122
109/110
/113
121/
116/118
Feldw. R4
曹長室 4
2 人部屋

図 28 ● 兵舎の割りふりとなかの様子
上：兵舎の内部写真。内部の居室に間仕切りをつくることを認めたのは板東俘虜収容所のみであった。下：兵舎内の見取図。

書」で示された仕様にもとづいたものと考えられる。

確認できるレンガの各寸法の平均値は長さ二二五ミリ・幅一〇五ミリ・厚さ六五ミリで、現在の日本の規格品より一まわり大きい。これは一九二五年（大正一四）に制定された日本標準規格（JES：Japan Engineering Standards, JISの前身）が陸軍営繕事業に採用される以前に生産されたものであるためだ。

これらのレンガのいくつかからは、菱形の刻印が確認できる（**図30**）。縦一・五センチ、横二・五センチほどで、二叉になった松の葉の葉先を広げて左右両側から交差させたもので、「松葉菱」とよばれる刻印だ。この刻印をもつレンガは、香川県観音寺市の讃岐煉瓦株式会社の製品であったことが判明している。

兵舎での個人営業

『ガイドブック』をみると、兵舎建物内の案内におもしろい記載をみることができる。それは、兵舎第何棟何号室で、誰がどんな商品やサービスを取り扱ってい

図29 ● 兵舎第1棟を改装した講堂
兵舎を改造したため、観客席の左右のイスの脚が中央にくらべ低い。

るかを紹介していることだ（図28下）。

ビールやミネラルウオーター、ジャム、タバコの販売、理髪店、仕立屋、家具屋や洗濯屋といったサービス業など、捕虜が入隊前に従事していた職業や技能を活かした営業を兵舎内でもおこなっていたのである。これは、収容所にかかる経費節約の一環として、また捕虜の生活のために許可されたものであった。

厨房・浴室棟

兵舎内には厨房と浴室はなく、兵舎の北側に二棟の厨房・浴室棟がならんでいた（図20・21参照）。建物一棟を左右に二分し、それぞれに厨房設備と浴室設備を配置する構造が採用されている。これは『草案』に示された「厨房浴室及魚菜調理所」のレイアウトと類似する（図31）。

厨房・浴室棟の建物基礎では、地上に露出する上部の五段積みレンガの建物内面側にモルタルが塗られていたことが、周辺でみつかった取り壊されたレンガ基礎から判明した。このような建物基礎レンガは、水

図30●兵舎第５棟に使用されたレンガ
菱形にかこまれた内部に「サヌキ」「サ」「・」「‥」「4」などの文字や記号が刻印されているものがある。

あるいは火を使用する施設で使われたとみられ、『草案』のなかで「三．厨房浴室及魚菜調理所」の項目に示された「（一）厨房浴室（中略）周壁ハ耐水性「モルタル」塗トシ（以下略）」（（ ）内は著者）の記述に一致する。

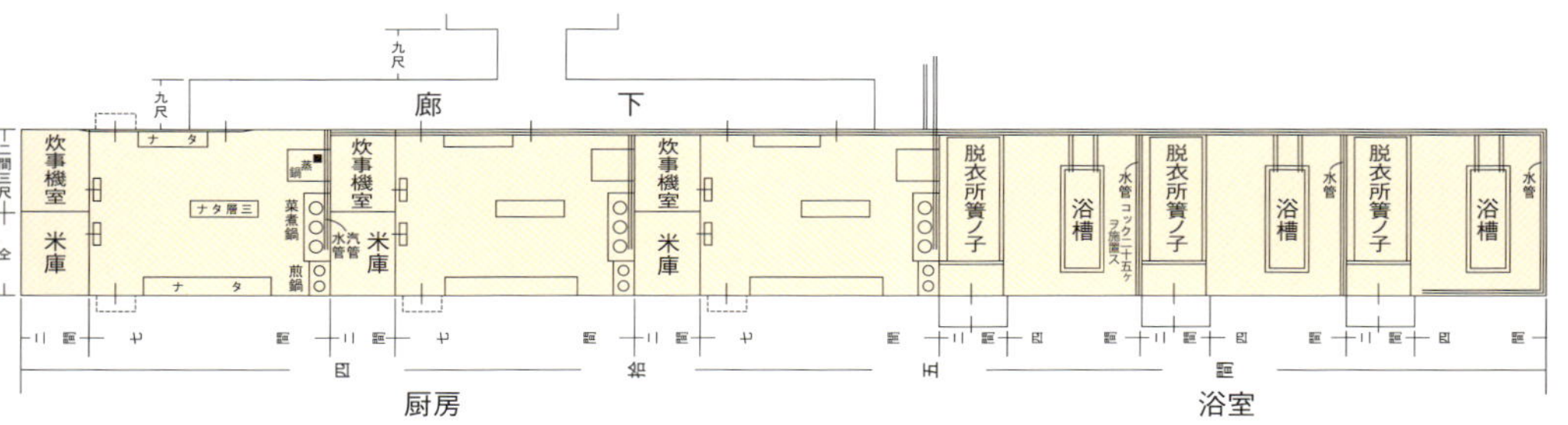

図31●『第四拾五号　建築要領草案』に記された厨房浴室及魚菜調理所平面図
板東俘虜収容所に建設された兵舎に付属する厨房は幅9.5m、長さ37m。火と水を使う施設は一棟にまとめられていた。

図32●厨房で働く捕虜
板東俘虜収容所の厨房に設置された竈は、中央に煙突を築き、そのまわりに4カ所の焚き口と釜を置く掛け口が配置されている。

将校兵舎

これら八棟の兵舎群とは別に、敷地の北側にある下池をかこむように西側と北側に、二棟の将校兵舎と一棟の将校専用厨房・浴室棟が建てられている（**図20・21参照**）。将校棟は下士卒以下を収容する兵舎と異なり、廊下を片側壁面ぞいに設置することで居室の幅を五メートル確保していた。

現在、第一将校兵舎を分断するように市道が設置され、その北側は盛り土により一段高く造成されている。発掘調査は市道南側で実施し、遺構の有無を確認した結果、現地表面から五〇～七〇センチ下でレンガ基礎が残ることがわかった（**図33**）。レンガ基礎の大部分は上部の五段がすべて撤去され、地中部分の二段以下またはコンクリート基礎のみを残す状態であった。

『案内書』によると、第一将校兵舎は大小九部屋に区切られ二二名の将校が、第二将校兵舎も九部屋に区切られ一五名の将校が生活していた（**図34**）。第

図33 ● 第1将校兵舎の遺構（東から）
右奥の朱色のレンガが、当初の将校兵舎の基礎部分。手前の白くみえる部分は、収容所閉鎖後に拡張された基礎部分。

二将校兵舎のもっとも東側の九号室は、板東俘虜収容所で捕虜の代表であったクレーマン陸軍騎兵少佐の個室となっていた。

発掘調査では、『要図』に記された建物の範囲以外にもレンガ基礎がのびることがわかった。それは、建物南端部から八・三メートル以上南方向に同じ幅で

第1将校棟

通路									2.5m
1号室 1人部屋	2号室 3人部屋	3号室 3人部屋	4号室 3人部屋	5号室 3人部屋	6号室 3人部屋	7号室 2人部屋	8号室 2人部屋	9号室 2人部屋	5m

45m

第2将校棟

通路									2.5m
1号室 1人部屋	2号室 2人部屋	3号室 2人部屋	4号室 2人部屋	5号室 2人部屋	6号室 2人部屋	7号室 2人部屋	8号室 1人部屋	9号室 1人部屋	5m

43.5m

図34 ● 将校兵舎の部屋割り
一般の兵舎と異なり、壁際に通路を配置し広い室内を確保している。一室の収容人数は1～3名であった。

図35 ● 将校部屋の様子
一人部屋と思われる居室の壁面は装飾性の高いテキスタイルで飾られ、床にジュータンを敷く。

設置されており、収容所閉鎖後にふたたび陸軍演習場として使用された際に拡張したものと考えられる。

将校専用兵舎附属厨房・浴室棟

第一将校兵舎と第二将校兵舎のあいだに将校専用兵舎付属の厨房・浴室棟が建っていた。第一将校兵舎のある平坦地から北側に一段高い場所で、建物南端の通路出口から庇つきの通路が設置され、段差の法面に階段がつけられていた。第二将校兵舎とのあいだにも庇つきの連絡通路が設置されていた。

公園整備によって〇・八〜一メートルの盛り土による造成がおこなわれ、その下に建物基礎の最下部を確認した（**図36**）。当時の写真をみると、建物は将校専用兵舎と同じくレンガ積みで、コンクリート土台を有する基礎であったとみられるが、調査で確認したのはそれより下の割栗石を敷きつめた幅五〇センチの割栗地業であった。調査範囲ではレンガ基礎とコンクリート土台のすべてが撤去されていた。

図36 ● 将校兵舎付属の厨房・浴室棟の遺構
建物は幅5.7m、長さ23.5m。レンガ基礎はすべて撤去されていたが、その下の割栗石を敷き込んで突き固めた地業の状態が観察できる。

3 製パン所とパン竈

発掘された製パン所

一般兵舎用の第二厨房・浴室棟と下池のあいだには、「製麺麭所（製パン所）」があった（図20・21参照）。現在の地表面にはその痕跡をうかがうものは残されていないが、当時の写真から、南北に長い切妻屋根の建物であったことがわかる。

発掘調査により、製パン所は他の陸軍が建設した施設と異なり、掘立柱建物であることがわかった。遺構の東部分は盛り土による園路が整備されており、建物の全体を確認することができなかったものの、パン竈の基礎部分は全体をみることができた（図37・38）。

『写真帖』には、この建物内に設置されたレンガづくりのパン竈と作業に従事する捕虜が写っている（図39）。調査では、建物の北西側で長方形の竈の基礎部分を発見した。基礎のレンガ部分は約

図37 ● 製パン所跡

建物は幅6.5mのうち3.6m、長さ9mを確認した。手前のレンガでかこまれた場所がパン竈の跡。奥に作業用ピットや洗い場がある（図38参照）。

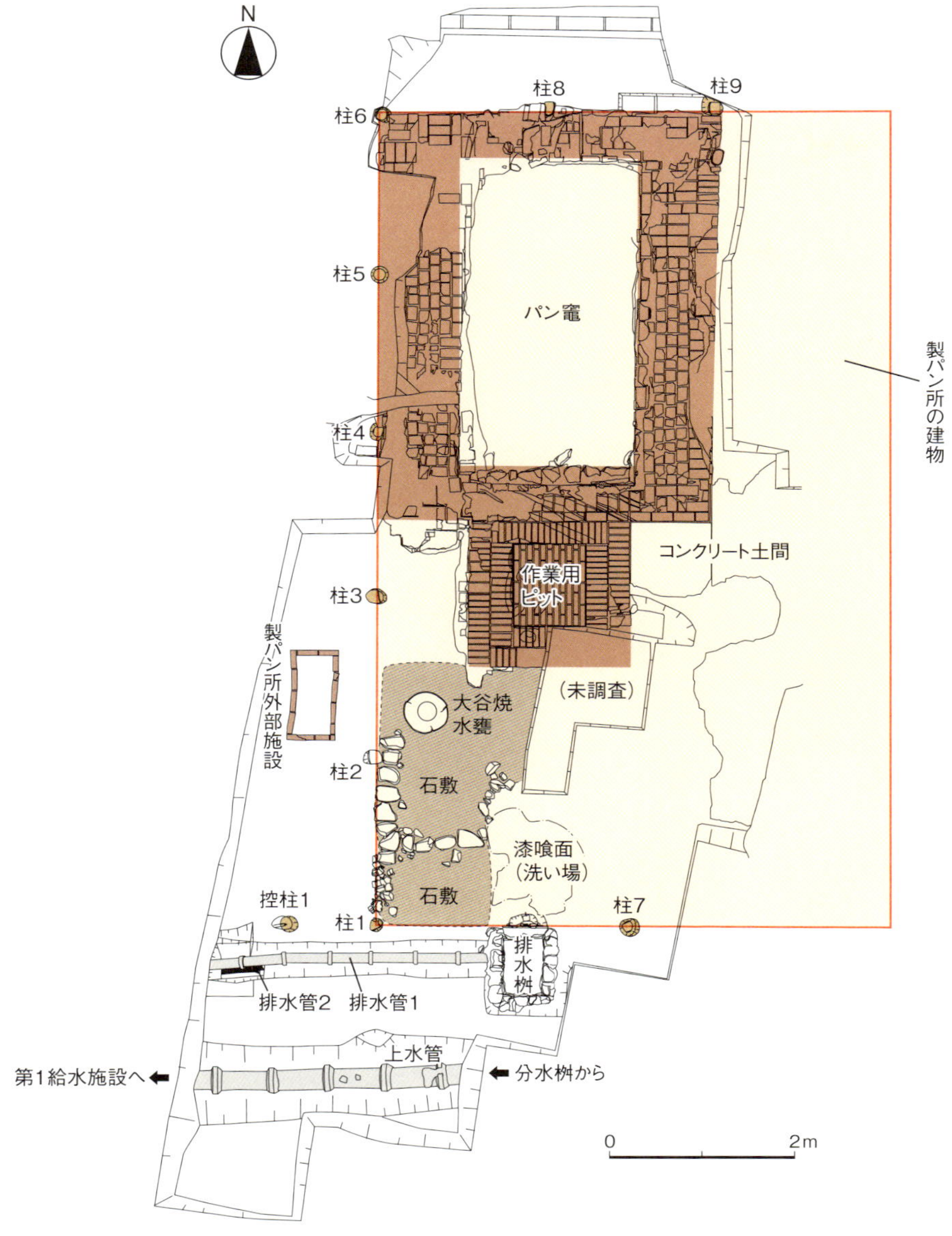

図38 ● 製パン所とその周辺
製パン所の大きさは幅6.5m、長さ9.5mで、竈のほかに作業台や洗い場を備えている。
パン竈の大きさは幅3.7m、長さ4.6m。前面に階段状の作業用ピットをともなう。

八〇センチ幅で、そこから垂直にレンガを積み上げて壁体を構築したものと考えられる。

改修されたパン竈

この竈はたびたび破損し、そのつど修繕を加えながら使用しつづけていたという。一日約一〇〇〇人が食するパンを製造した竈であったため、その稼働率や消耗率は非常に高かったと考えられる。それに加え、どうもこの竈で焼いたパンは彼らの好みに合わなかったようである。

一九一八年には、構造および経済面から有利であるとの理由によって、捕虜が設計と施工を担当し、第一一師団経理部から資材を調達し、竈を改築（新設）している。六月二五日づけで陸軍大臣に許可申請を提出し、七月六日に竈の改築作業は捕虜の労役として許可されている。

図39 ● 製パン所で働く捕虜
『写真帖』に掲載されている製パン所の様子。同書の刊行時期からみて、この竈は日本側が築いた最初の竈。この竈で焼いたパンは捕虜の嗜好に合わなかったようで、捕虜の手により新たにつくり直される。

申請書には九名の捕虜に日額二〇銭の賃金を支払うことが記されている。板東俘虜収容所には、建築関係に従事していた者や、軍職として第二工機団に属す一等麺麭工をはじめとする製菓・製パンに関わるドイツ人が収容されており、彼らがもつ技術や経験、知識がパン竈を新設することを可能にしたものと考えられる。ただし、パン竈改築費の一部は在日ドイツ人などが設立した東京救済委員会からの義捐金が充てられていることから、日本側の予算を上まわったとみられる。

この新しいパン竈は同年一〇月には完成し、ドイツ兵捕虜の嗜好にあうパンが焼けるようになったことを歓迎する随筆が『板東俘虜収容所新聞』に掲載されている。

残念ながら調査では、つくり直された痕跡や構造を具体的に理解できるほどの痕跡は残されていなかった。しかし、基礎部分では、全形レンガを使用して積まれることが普通と考えられる場所に、半ますや欠けの多いものが使用されていたり、最初に積まれた際に付着したモルタルが残るものも含まれており、一度使用されたレンガを二次利用して積み直されたようである。発見された基礎は、記録に残るように、捕虜により全面的につくり直されたものだと考えられる。

製パン所での労働

開所後にこのパン竈で作業に従事した捕虜は、一九一七年四月二八日づけ「俘虜労役ニ関スル件申請」によると、パン焼係としてヴァッサーマン第三海兵大隊第七中隊・副曹長、製パン工としてバウアー第二工機団・一等麺麭工ほか二名の計四名であった。このうちバウアーは、日本帝国俘虜情報局編纂の『独逸及墺洪国俘虜名簿』に「Overbäckersgast（一等麺麭工）」と記されており、製パン職として部隊に所属していた人物であったことがわかる。

また、この名簿からは、日本各地に収容されたドイツ兵捕虜のなかにも、「第三海兵大隊第四中隊麺麭夫」といった軍職として製パンに携わる人物が含まれていたことがわかる。これらの職人が軍に所属していたのは、後方支援部隊や艦内厨房職として製パン業務に携わる部隊が存在したためである。さらに日独戦争に参戦したドイツ兵の多くが、東アジアに居住していたドイツ人であったことで、捕虜のなかにパン職人や菓子職人が含まれることとなる。

板東俘虜収容所では、捕虜が経営する菓子工房ゲーバ（GEBA）にも竈が築かれ、数種類のパンや菓子を日々製造していた。また日本人商人からもパンを購入していたことが記録に残っている。相当量のパンが捕虜によって消費されていたことがわかる。

パン竈の問題は板東だけでなかった

このパン竈をめぐる問題については、捕虜としてドイツ兵を収容した国内の多くの収容所に共通した問題であった。

たとえば名古屋俘虜収容所では、一九一五年（大正四）にパン竈の新築と付属器具を取りそろえるための許可申請が、製パン所設置に関する工事設計要領書を添付して提出され許可されている。ここではパンの購入金額と捕虜自製の場合の価格を比較し、より安価な自製を選択し

シリーズ「遺跡を学ぶ」第1ステージ〈100巻＋別冊4〉完結！

A5判96頁・オールカラー／各1500円＋税

◆第Ⅰ期［全31冊］

セット函入46500円＋税

01 北辺の海の民 モヨロ貝塚 米村 衛
02 天下布武の城 安土城 木戸雅寿
03 古墳時代の地域社会復元 三ツ寺Ⅰ遺跡 若狭 徹
04 原始集落を掘る 尖石遺跡 勅使河原彰
05 世界をリードした磁器窯 肥前窯 大橋康二
06 五千年におよぶムラ 平出遺跡 小林康男
07 豊饒の海の縄文文化 曽畑貝塚 木﨑康弘
08 未盗掘石室の発見 雪野山古墳 佐々木憲一
09 氷河期を生き抜いた狩人 矢出川遺跡 堤 隆
10 描かれた黄泉の世界 王塚古墳 柳沢一男
11 江戸のミクロコスモス 加賀藩江戸屋敷 追川吉生
12 北の黒曜石の道 白滝遺跡群 木村英明
13 古代祭祀とシルクロードの終着地 沖ノ島 弓場紀知
14 黒潮を渡った黒曜石 見高段間遺跡 池谷信之
15 縄文のイエとムラの風景 御所野遺跡 高田和徳
16 鉄剣銘一一五文字の謎に迫る 埼玉古墳群 高橋一夫
17 石にこめた縄文人の祈り 大湯環状列石 秋元信夫
18 土器製塩の島 喜兵衛島製塩遺跡と古墳 近藤義郎
19 縄文の社会構造をのぞく 姥山貝塚 堀越正行
20 大仏造立の都 紫香楽宮 小笠原好彦
21 律令国家の対蝦夷政策 相馬の製鉄遺跡群 飯村 均
22 筑紫政権からヤマト政権へ 豊前石塚山古墳 長嶺正秀
23 弥生実年代と都市論のゆくえ 池上曽根遺跡 秋山浩三
24 最古の王墓 吉武高木遺跡 常松幹雄
25 石槍革命 八風山遺跡群 須藤隆司
26 大和葛城の大古墳群 馬見古墳群 河上邦彦
27 南九州に栄えた縄文文化 上野原遺跡 新東晃一
28 泉北丘陵に広がる須恵器窯 陶邑遺跡群 中村 浩
29 東北古墳研究の原点 会津大塚山古墳 辻 秀人
30 赤城山麓の三万年前のムラ 下触牛伏遺跡 小菅将夫
別冊1 黒耀石の原産地を探る 鷹山遺跡群 黒耀石体験ミュージアム

◆第Ⅱ期［全20冊］

セット函入30000円＋税

31 日本考古学の原点 大森貝塚 加藤 緑
32 斑鳩に眠る二人の貴公子 藤ノ木古墳 前園実知雄
33 聖なる水の祀りと古代王権 天白磐座遺跡 辰巳和弘
34 吉備の弥生大首長墓 楯築弥生墳丘墓 福本 明

106　南相馬に躍動する古代の郡役所　泉官衙遺跡　藤木　海
107　琵琶湖に眠る縄文文化　粟津湖底遺跡　瀬口眞司
108　北近畿の弥生王墓　大風呂南墳墓　肥後弘幸
109　最後の前方後円墳　龍角寺浅間山古墳　白井久美子
110　諏訪湖底の狩人たち　曽根遺跡　三上徹也
111　日本海を望む「倭の国邑」　妻木晩田遺跡　濵田竜彦
112　平城京を飾った瓦　奈良山瓦窯群　石井清司
113　縄文のタイムカプセル　鳥浜貝塚　田中祐二
114　九州の銅鐸工房　安永田遺跡　藤瀬禎博
115　邪馬台国時代のクニの都　吉野ヶ里遺跡　七田忠昭
116　よみがえる金堂壁画　上淀廃寺　中原　斉
117　船形埴輪と古代の喪葬　宝塚一号墳　穂積裕昌
118　海に生きた弥生人　三浦半島の海蝕洞穴遺跡　中村　勉
119　東アジアに翔る上毛野の首長　綿貫観音山古墳　大塚初重・梅澤重昭
120　国宝土偶「仮面の女神」の復元　中ッ原遺跡　守矢昌文
121　古墳時代の南九州の雄　西都原古墳群　東　憲章
122　石鍋が語る中世　ホゲット石鍋製作遺跡　松尾秀昭
123　出雲王と四隅突出型墳丘墓　西谷墳墓群　渡辺貞幸
124　国宝「火焔型土器」の世界　笹山遺跡　石原正敏
125　徳島の土製仮面と巨大銅鐸のムラ　矢野遺跡　氏家敏之

●第Ⅵ期　好評刊行中！

126　紀国造家の実像をさぐる　岩橋千塚古墳群　丹野拓・米田文孝
127　古代地方木簡のパイオニア　伊場遺跡　鈴木敏則
128　縄文の女性シャーマン　カリンバ遺跡　木村英明・上屋眞一
129　日本海側最大級の縄文貝塚　小竹貝塚　町田賢一
130　邪馬台国時代の東海の王　東之宮古墳　赤塚次郎
131　平安末期の広大な浄土世界　鳥羽離宮跡　鈴木久男
132　戦国・江戸時代を支えた石　小田原の石切と生産遺跡　佐々木健策
133　縄文漆工芸のアトリエ　押出遺跡　水戸部秀樹
134　装飾古墳と海の交流　虎塚古墳・十五郎穴横穴墓群　稲田健一
135　ヤマト王権誕生の礎となったムラ　唐古・鍵遺跡　藤田三郎
136　サヌカイトに魅せられた旧石器人　二上山北麓遺跡群　佐藤良二
137　沖縄戦の発掘　沖縄陸軍病院南風原壕群　池田榮史

文化財保存全国協議会 編
文化財保存 70 年の歴史
明日への文化遺産
ISBN978-4-7877-1707-8

平城宮跡・池上曽根遺跡・伊場遺跡等々、戦後経済発展のもとで、破壊され消滅した遺跡、守り保存された遺跡の貴重な記録。戦後 70 年間に遺跡がたどってきた歴史を検証し、文化遺産のこれからを考える。
A5 判上製／ 392 頁／ 3800 円＋税

勅使河原 彰 著
縄文時代史
ISBN978-4-7877-1605-7

激変する自然環境のなかで、縄文人はどのように自然と折り合いをつけて独自の縄文文化を築き上げたのか。最新の発掘と科学研究の成果をとりいれて、縄文時代のはじまりから終焉までを描く。図版・写真多数収録。
四六判上製／ 336 頁／ 2800 円＋税

井口直司 著
縄文土器ガイドブック
縄文土器の世界
ISBN978-4-7877-1214-1

私たちの心の奥底をゆさぶる縄文土器の造形。しかし、博物館や解説書で「○○式」「△△文」といった暗号のような説明を読むと、熱がさめていく。考古学による土器の見方、縄文時代のとらえ方をじっくり解説。
A5 判／ 200 頁／ 2200 円＋税

三上徹也 著
縄文土偶ガイドブック
縄文土偶の世界
ISBN978-4-7877-1316-2

土偶の姿はあまりにも多様。国宝に指定された素晴らしい土偶があるかと思えば、粗末な作りでバラバラに壊れ破片となったものもたくさんある。縄文人は何のために土偶を作り、どのように用いていたのだろうか。
A5 判／ 212 頁／ 2200 円＋税

小林謙一・工藤雄一郎・国立歴史民俗博物館 編
増補 **縄文はいつから⁉**
地球環境の変動と縄文文化
ISBN978-4-7877-1213-4

10 万年に一度の気候大変動のなかで、ヒトは土器を発明し、弓矢をもち、定住をはじめた。縄文時代の幕があがる。今につづく生活様式の基盤、縄文文化のはじまりを問う、歴博で行われたシンポジウムを書籍化。
A5 判／ 260 頁／ 2400 円＋税

工藤雄一郎 著
旧石器・縄文時代の環境文化史
高精度放射性炭素年代測定と考古学
ISBN978-4-7877-1203-5

最終氷期から後氷期にかけて、旧石器時代人、縄文時代人はどのように生きてきたのか。最新の放射性炭素年代測定の成果を通じ、その変化を読み解く。列島各地の縄文土器の年代測定値などデータを豊富に収録。
B5 判上製／ 376 頁／ 9000 円＋税

工藤雄一郎・国立歴史民俗博物館 編
ここまでわかった！
縄文人の植物利用
ISBN978-4-7877-1317-9

マメ類を栽培し、クリやウルシ林を育てる…狩猟採集生活をおくっていたとされる縄文人が、想像以上に植物の生育環境に積極的に働きかけ、貴重な資源を管理していたことがわかってきた。カラー写真・図版で解説。
A5 判／ 228 頁／ 2500 円＋税

工藤雄一郎・国立歴史民俗博物館 編
さらにわかった！
縄文人の植物利用
ISBN978-4-7877-1702-3

好評「縄文人の植物利用」第 2 弾。鳥浜貝塚の縄文時代草創期～前期の資料の調査からわかってきた植物利用の初源の姿を紹介し、東名遺跡などで大量に出土した「カゴ」から、縄文人のカゴ作りを解明する。
A5 判／ 216 頁／ 2500 円＋税

辰巳和弘 著
他界へ翔る船
「黄泉の国」の考古学
ISBN978-4-7877-1102-1

船形をした木棺や埴輪、墓室に描かれた船画、円筒埴輪に刻まれた船……船は霊魂を黄泉の国へといざなう。人々は魂の行方をどこに求めたのか。考古学が傍観してきた「こころ」を探り、古代人の他界観を追究する。
A5 判上製／ 352 頁／ 3500 円＋税

辰巳和弘 著
古代をみる眼
考古学が語る日本文化の深層
ISBN 978-4-7877-1416-9

「古墳、水辺、坂（峠）、巨樹、山嶺など、列島の先人たちが他界との接点、あるいは境界領域をいかに捉え、いかに働きかけたかを思考する試みです。古代的心意の探求におつきあいください。」（まえがきより）
A5 判／ 240 頁／ 2000 円＋税

たことが記されている。

また大阪俘虜収容所では、パン竈を設置するための資材を確保した後に、似ノ島俘虜収容所への転収が決定したため、竈の資材運搬を断念し、青野原収容所では不許可となったパン竈の設備を簡単かつ小規模にあらためた計画を申請し許可されている。

日本人に伝わった製パン技術

板東俘虜収容所の製パン・製菓工房では、地元の日本人が所内に出むき製パン・製菓技術を学んだ。徳島市在住の藤田只之助は、収容所内の二カ所の工房で、捕虜よりドイツ式製菓と製パン法の実施講習を六カ月間受け技術を伝授された。それぞれの工房からはドイツ語で、松江所長からは日本語で記された修了証書が発行されている（**図40**）。

名古屋俘虜収容所では、ハインリッヒ・フロインドリーブ第三海兵大隊第六中隊・補充予備二等歩兵の指導がよく知られている。フロインドリーブは、

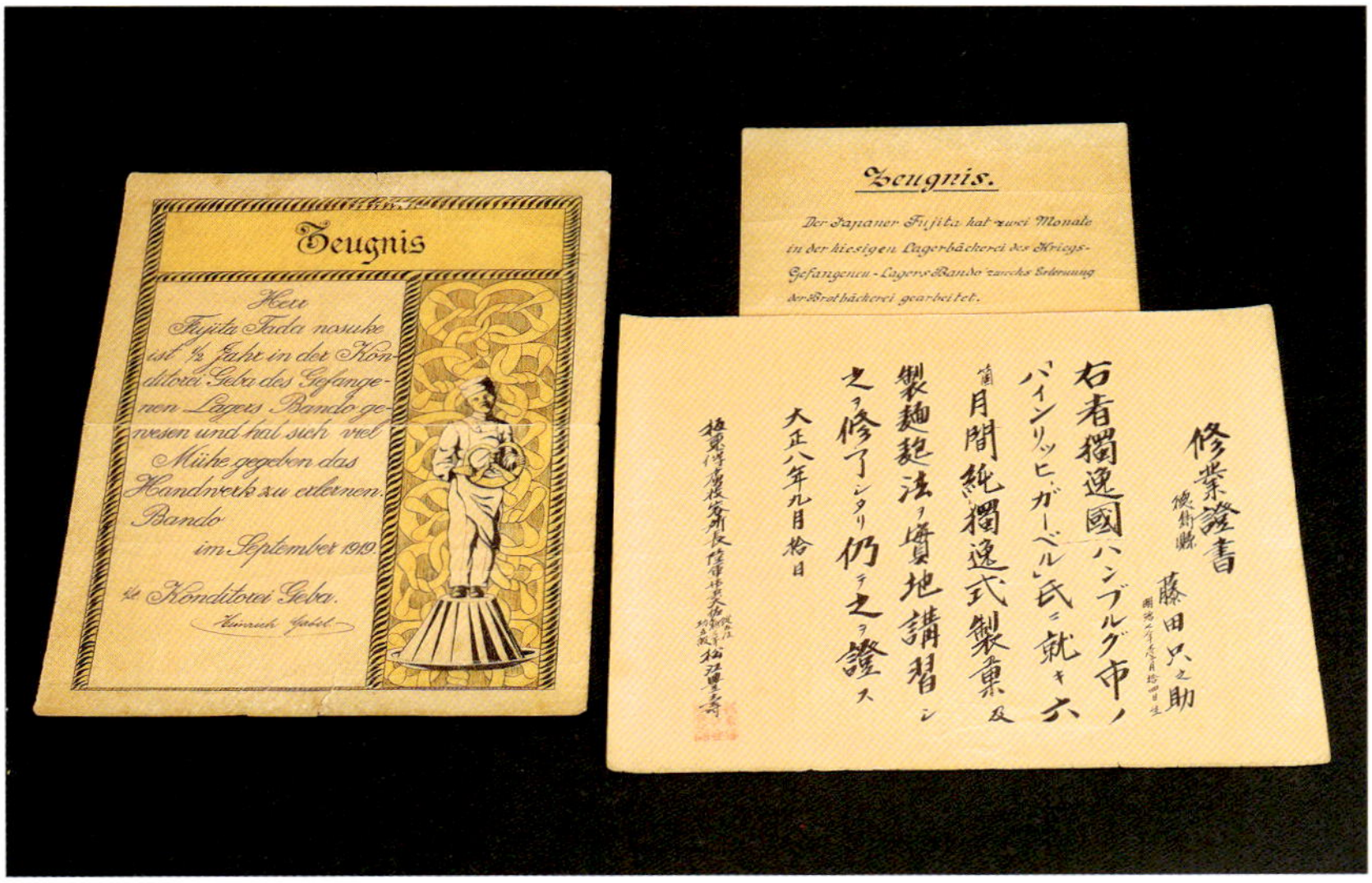

図40 ● 製菓・製パンの講習を受けた修了証
左は菓子店ゲーバから、右上は製パン所から、右下は松江所長から出されたドイツ式製菓および製パン法の講習修了証書。

一九一二年（大正元）に中国・青島でパン屋を開業したパン職人で、捕虜から解放された後に敷島屋製粉工場（現・敷島製パン株式会社）に技師長として迎えられた。そして後に、神戸北野に自身の店である「ジャーマン・ホーム・ベーカリー」を開店した。

パン製造は、竈の設計や構築技術、パン生地づくりやパン焼き技術というさまざまな分野の技術や経験・知識が集結することで成立するものである。パンづくりだけみても、当時の日本は、ドイツ兵捕虜をたんなる兵士ではなく技術者集団であると十分に理解して、多岐にわたる技術力を取り入れて国内産業の発展に寄与させようと考えていたことがわかる。

4　収容所内の商店街

捕虜が経営する店

すでにみてきたように、収容所内には、捕虜が生活していくうえでの必需品や各種サービスを提供するために、捕虜が経営する小屋の建設が許可された。これら営業活動を目的とした小屋は、日本側が設置した施設の周辺の空き地に建設されたが、所内と所外を分断する鉄条網に近い場所や下池の南側堤防周辺のある程度まとまった空間に建設されている。

もっとも規模の大きい施設は、収容所内の南西の一画につくられた商店街地域タパオタオで、『要図』によると四〇棟ほどの建物が全長約四〇メートルの範囲に三列で立ちならんでいた（図41）。店舗の実数や建築された時期は不明だが、収容所の建設途中の写真には空き地となっている。収容所建設計画の段階から、この場所は捕虜たちが商業活動などをおこなう空間として位置づけられていたかどうかは確認することができないが、日本側がなんらかの施設を建設するための場所ではなかったようである。まとまった面積が捕虜に提供され、開所後二カ月もたたないうちにいくつかの店舗が営業を開始することができた（図42・43）。

大胆な経費削減策

一九一八年五月に調査した「各俘虜収容所ニ於ケル所外労役、所内労役其他経費節約ノ為採リタル処置及慰安〈俘虜ノ心身ヲ活動セシメ取締ニ資スル目的ヲ以テ〉」には、「所内ニ数十ノ労役小舎ノ設置ヲ許可シ家具、玩具、彫刻、模型、写真等ヲ始メ編物、製菓ニ至ル迄数十種ノ労役ヲ為サシメ其製品ハ俘虜間ノ需要ニ供セシムル」と記されており、この調査が実施される

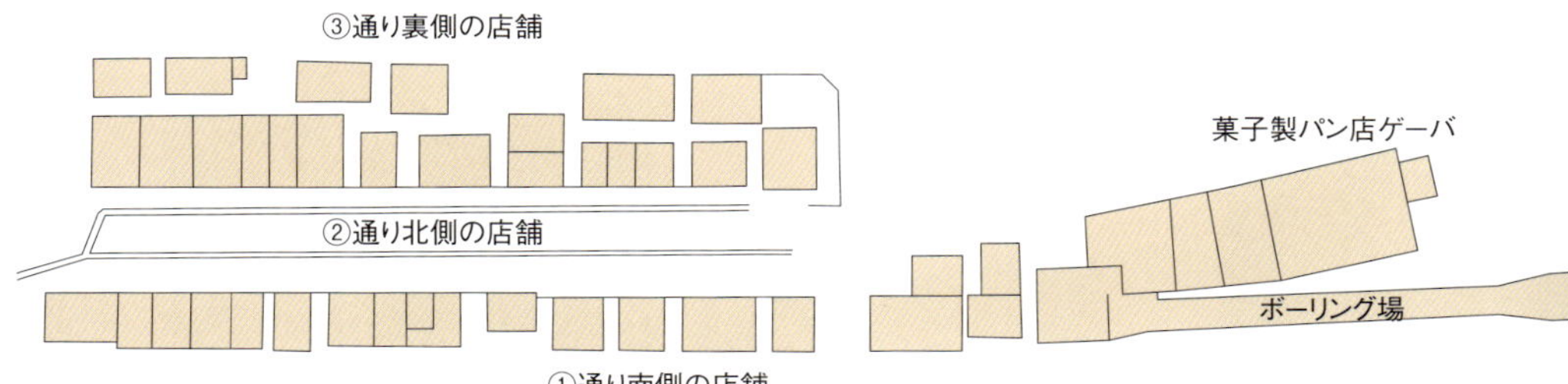

①通り南側の店舗

- ボーリング場
- 音楽教授（パウル・エンゲル）
- 菓子店
- 家具店
- 写真屋
- 鋳型製作所
- 洋服仕立て
- タパオタオ村長室
- 写真屋
- 家具屋、大工
- 靴屋
- 家具屋
- 鍛冶屋、金属加工

②通り北側の店舗

- 家具
- 時計修理
- 家具屋
- 製本
- 理容

③通り裏側の店舗

- 楽器修理
- 配管、機械工
- 卵・菓子・塩漬けキュウリ・清涼飲料水販
- 仕立屋
- 家具屋

図41 ● 捕虜の商店街（タパオタオ）の位置図と開業していた店舗
仕立屋・靴屋・家具屋・鍛冶屋・時計修理といった職人の店が多い。当時のボーリングは菱形に９本のピンをならべ、指を入れる穴がない木製のボールが使われていた。

までに多くの商業施設での営業が所内における労役の一環として位置づけられ、その建設や物販活動が経費節約につながるものとして認められていたことがわかる。

板東俘虜収容所が開所した翌月の一九一七年五月二二日の『日刊電報通信』の通知欄には、すでに時計修理店とアイスクリーム販売店、コーヒーロースト店の三店舗が、同日に商店街で開業したことを告げる広告が掲載されていることから、入所早々にいくつかの小屋が建設され営業をはじめたとみられる。

五月二五日には商店街の東端の営倉横にボーリング場が完成し、ほかに卵・清涼飲料水の販売や、家具屋・写真屋・靴屋・仕立屋・理容・楽器修理等の店舗も営業を開始した。下池周辺にもケーキ屋・肉屋・印刷所・ボート工場が開業する。店舗経営者は入れ替わりがあったようで、先の時計修理店（六号小屋）は経営者の病気のため開店から

図42 ● 写真屋の前でジョッキを片手に
簡素な小屋が立ちならぶ商店街。ジョッキを持つ人物は写真屋の経営者。

七カ月後の一二月二九日に閉店し、その後には鋳型製作所が営業をはじめている。

ケーキ屋「ゲーバ」

ケーキ屋「ゲーバ（Geba）」もこうした捕虜の商店の一つだ（**図44**）。下池の南側堤防下に一九一七年五月二五日に開業したが、同年一一月三〇日の『日刊電報通信』の通知欄には、日本側の命令で移転を余儀なくされたため、一一月二九日に閉店し、営業再開は一二月八日となることを伝えている。

これは、日本側がゲーバがあった場所に製パンおよび原料格納庫（穀物倉庫）の新築工事を計画したためで、ゲーバの移転先は商店街のボーリング場北側であった。十数人の捕虜が担ぎ棒の上に載ったゲーバの小屋を移動させている様子が写真や『板東俘虜収容所新聞』の挿絵に残されている（**図45**）。

図43 ● 肉屋にならぶ捕虜
配給される食事以外に捕虜が経営する肉屋や小料理屋でソーセージや一品料理を購入することができた。収容所員も購入していた。

このようにつぎつぎと商店が建てられ営業をはじめられたのは、ケーキ屋ゲーバやボーリング場、コーヒーロースト店のように、その前進が松山などの各収容所ですでに成立していたため、板東俘虜収容所においても早期に継続して営業活動をおこなうことが可能となったと考えられる。

図44 ● 収容所内を行商するゲーバの店員
ゲーバの従業員。毎日こうしてパンや菓子を所内で売り歩いていた。

図45 ● ゲーバの店舗をみんなで移動する
立ち退きの命令を受け、店舗を移動する捕虜たち。約200ｍを人力で移動させ、クリスマス前には営業再開をはたした。

5　その他のさまざまな施設

酒保（売店）

板東俘虜収容所内には、開設当初から捕虜が利用する酒保（売店）が設置されていた（図46）。『要図』で示された酒保の位置は、現在、道路と駐車場となり舗装されてしまっているが、この酒保に付属する便所施設が酒保の北東側すぐの場所に残っている（図47）。

遺構は下池の南西側の堤防下に位置し、レンガ積みにより小便所と大便所二基を設けている。大便所の便槽は、このレンガの内側に鉢形の施釉陶器を北側にやや傾けた状態で設置されている。

管理棟

正門を入り右にあるのが日本側の管理棟で、事務棟と浴室・食堂棟の二棟が「工」字型に配置された施設である。『要図』には、事務棟の西から所長室、

図46 ● 酒保（売店）に集う捕虜
運営は捕虜の労役としてドイツ兵が担った。ここでは生ビールも飲むことができた。そのほか食品・タバコ・文房具・炭酸水を販売した。

検閲室、主計室、中央の廊下をはさんで、面会室、宿直室、士官室が配置されていたことが記されている。

『ガイドブック』によると、事務棟の役割は捕虜を管理するための事務処理をおこなうことだが、もう一つ、捕虜の発送郵便物の提出と金銭授受、日本の新聞の注文・検閲・引き渡し、面会者への対応など、捕虜と外部をつなぐ窓口としての役割もあった（図48）。そして、捕虜からの請願・照会・苦情などを聴取し、その対応を陸軍省に問い合わせることにあった。

管理棟があった場所は、現在、広場として整地されているが、その地表から浅い場所でレンガ基礎が確認された（図49）。当時の写真などから、レンガ基礎の木造平屋建て瓦葺きだった

図47 ● 酒保（売店）付属の便所
遺構は東西3.85m、南北1.15m。『草案』を参考としたのだろう。ドイツ兵にはかなり狭かったと思われる。

ことがわかる。

中央の廊下につながる渡り廊下を南に進むと浴室・食堂棟となる。『要図』によると、ここには日本側所員のための厨房と食堂、浴室が設けられていた。『ガイドブック』には、この食堂で捕虜も一食二〇銭から食事が提供されることが記されている。

図48 ● 事務棟の様子
事務棟の規模は幅7.5m、長さ41m。手前のスーツ姿の3人は大量の手紙類の検閲をおこなっているようにみえることから、通訳を担当する所員と思われる。

図49 ● 事務棟の遺構
『要図』を頼りに管理棟の北東部を確認した。この一帯はいたるところでレンガ基礎が露出している。

給水施設

収容所内で必要な生活用水は、北に約一・五キロ離れた川から導水路を設置して引き込んで利用していた。導水路は収容所東端付近の分水桝まで水を誘導し、そこから三本の埋設菅により二つの給水施設と管理棟に付属する浴室・食堂棟に分水された。

このうち遺構が残る二カ所の給水施設は、貯水槽と給水場・洗い場を兼ねた構造となったものである(図50)。

第一給水施設は下池の南西で第一将校棟の東側にあり、第二給水施設は下池の南東側で製パン所の東側にある。当時の写真やスケッチ画から、貯水槽の上には覆屋があり片流れの屋根が伏されていたことがわかる。

貯水槽は内面全体にモルタルを張ってあり、東側壁面には分水桝から流れ込む土管が、南側壁面には兵舎横の水槽へ配水するための土管が接続している。

西側壁面には給水用の金属管が通っており、現況では第一給水施設が五カ所、第二給水施設

図50 ● 第1給水施設
奥側が水槽で、敷地の傾斜を利用して南側に設置された水槽まで埋設した土管で配水する。第2給水施設も同じ構造である。

が四カ所の水栓が西側の給水場に貫通している。これは収容所閉所以降に改変されたもので、『要図』の記述から、当時は木栓で止水されていたとみられる。給水場・洗い場の床面は、レンガ壁上面から約二・四メートル下がった位置にあり、ここに入るために花崗岩製の角材を階段状に三段設置している。最上段の石段から一段上がった位置にはレンガ敷きの平坦面があり、そこをかこうようにコンクリート壁と石積みがめぐるが、これらは公園整備時のものであり、本来はレンガを衝立状に積み上げて仕切りとしていた。

倉庫棟

『ガイドブック』によると、倉庫の主な役割は五つあった。捕虜所有の私物保管、兵站(へいたん)倉庫、到着郵便物引渡し所、日用品など注文窓口、掃除用具・スコップ・つるはしなどの道具類貸出窓口である。この記述から、倉庫棟は幅広い用途に利用されていたこ

図51 ● 倉庫棟の遺構
全体の規模は幅9.5m、長さ37m。一部のレンガ基礎を使い、幅8.2mの厩舎を建て直している。

とがわかる。

　収容所の遠景写真をみると、建物の西側には、三カ所の出入り口と、建物のトラスに付属するとみられる控柱があるのがわかる。控柱の数は等間隔で一一本を数えることから、一〇間規模の建物であることがわかる。『要図』によると、現在のドイツ村公園（子供広場）の正面入り口付近にあったことがわかる。

　倉庫棟のレンガ積み基礎は、地中部分に埋め込まれる下段の二段分すべてと地上に露出する上段五段分のうちの最下段の一段が残っていた。これは、後から述べる倉庫棟の改修により、レンガ基礎の地上部四段分を撤去した結果によるものである。これにより、残るレンガ積みの基礎の大部分は、新しい建物の基礎として利用されることとなる。

　倉庫棟の発掘調査で、まず発見されたのが他の建物にはない基礎であった（**図51**）。それは、コンクリート基礎のうえに花崗岩製の束石（つかいし）を固定したブロ

図52 ● 点呼の様子（『鉄条網の中の5年 スケッチ集』）
広場での朝夕の点呼は雨の日にもおこなわれ、コートを着用した捕虜の姿が描かれている。

ックを要所要所に配置し、建物外周に相当すると思われる土台を角柱状のコンクリートで連結したものであった。そして、コンクリート基礎部分はレンガ基礎を取り壊して設置されていた。

この建物は、収容所閉鎖後に陸軍演習場として再び利用された際、厩舎(きゅうしゃ)として規模を縮小して同じ向きに建て替えたときのもののようで、束石の中心を基点とした建物の幅は八・二メートルで、倉庫棟よりも狭い幅で設置されている。厩舎基礎を、倉庫棟のレンガ基礎の直上に置いているのは、北側と西側の壁面で、東側は倉庫棟東壁基礎の約一メートル内側に置かれている。

改築された厩舎は、一九六〇年ごろまで引揚者住宅の集会所・託児所として使われていた。

広場と体育館

『要図』をみると、兵舎第一棟の南側は第一広場となっており、管理棟と兵舎第五棟とのあいだには第

図53 ● 体育館内の体操器具（『板東でのわれわれの体操』）
ドイツの伝統的なスポーツであるトルネンも盛んにおこなわれたが、若者の興味は、サッカーやテニスといったイギリスやフランス由来のスポーツであった。

二広場としている。『ガイドブック』には第一広場は球技場として、第二広場は点呼時の参集場所と球技場として使われていることが記されている（図52）。この広場は、シュラークバル（ドイツ式野球）や体操の競技場として使用されていたようだ。

また、『ガイドブック』によると、一九一八年五月に倉庫棟の北に捕虜が体育館を建設した。ここは捕虜によるスポーツ委員会に所属する「収容所体育協会板東」の施設で、この協会は体操のほか陸上競技もおこなっている。

一九世紀のドイツではトルネン（Turnen）とよばれる体操が盛んで、このクラブにも一〇〇名以上が参加していた。当時、日本では体操はめずらしく、収容所近辺の学校の体育教師や学生が見学に訪れたり、後には捕虜を学校に招いて指導を受けている。

『要図』には、倉庫棟の北に茶色で描かれた約九メートル四方の建物が描かれており、これが体育館であるが、残念ながら、公園建設時に改変を受けているため、発掘調査では建物の痕跡は確認できなかった。

この体育館内を描いた当時のスケッチが残されており、室内には平行棒やあん馬などの体操器具が設置されていたことがわかる（図53）。また、体育館南隣の倉庫前の広場には鉄棒があり、ここで体育教師や学生に演技を披露した際の写真が残っている。

第４章　文化活動と地元住民との交流

1　盛んな捕虜の文化活動

演奏活動

板東俘虜収容所は、日本ではじめてベートーヴェン作曲の交響曲「第九番」合唱付き全楽章が演奏されたことで有名だが、捕虜のオーケストラによる演奏活動は板東のみの特別なことではなく、多くの収容所でおこなわれていた。

板東への転収前の徳島・丸亀・松山の各収容所でもそれぞれ楽団が結成され、演奏活動を展開している。丸亀俘虜収容所では、上海工部局管弦楽団のプロのヴァイオリニストであったパウル・エンゲルが「丸亀保養楽団」を結成し活動をしていた。

板東俘虜収容所に移ってからは、松山俘虜収容所からの捕虜も加えて「エンゲル・オーケストラ」を結成する（図54）。団員は四五名ほどで、通算二〇回の演奏会や徳島市内で和洋大音楽会などを開催している。エンゲルはベートーヴェンの研究家で古典音楽に造詣が深く、ベートーヴェンの交響曲第一番・第五番・第六番のほか、自身が作曲した「青島の戦士」なども演奏している。

また、彼は日本人の音楽教育にも力を入れ、収容所近くから徳島市内に会場を移して「エンゲル音楽教室」を開き、地域住民に演奏技術を伝授した。

ヘルマン・ハンゼン上等音楽兵曹が指導する「徳島オーケストラ」は、その名が示すとおり徳島俘虜収容所で結成された楽団である（図55）。結成の経緯について『トクシマ・アンツァイガー（徳島収容所新聞）』につぎのような記述がある。

「『一曲歌いたいね、私がギターで伴奏するから』。そう言って日本人にギターを注文した。けれども残念ながらその日本人はドイツ語がまったくわからなかったので、ギターの代わりにチェロをもってきた。これが、われわれのオーケストラのはじまりだった。前から二、三丁のヴァイオリンがあ

図54●パウル・エンゲルとエンゲル・オーケストラ
下池東の将校集会所前にて。エンゲルは解放後、オランダ領インド（インドネシア）へ渡り、北メルデカのデカパルク楽団に参加した。

り、親切な寄付のおかげでさらに二、三丁のヴァイオリンと一丁のヴィオラが手に入り、いまは音楽クラブをもてるようになった。もちろんはじめのうちほとんどのメンバーは、自分の楽器のテクニックをまったく初歩から身に着けなければならなかったが、好きだからといって何でもやれるわけではない。われわれは短時間で、すばらしいことがたくさんできるようになった」

――「われわれの音楽」『トクシマ・アンツァイガー（徳島収容所新聞）』第一号、一九一五年（大正四）四月五日号より

ハンゼンは板東でもっとも人気のあった人物で、彼が率いる徳島オーケストラは、板東で三六回のコンサートを開催している。

どちらの楽団も交響曲からワルツ・行進曲と多岐にわたる楽曲を演奏し戦友たちを楽しませた。これらの活動は、兵舎第一棟を捕虜たちが改修して設けた講堂を主たる会場としていた。

図55●ヘルマン・ハンゼンと徳島オーケストラ
野外音楽堂にて。ハンゼンは解放後ドイツへ帰国し、フレンスブルク市の広報係、秘書官、参事を務めた。地元の合唱団「フェニックス」に参加し指揮を担当した。

許可された自国の戦勝を祝うコンサート

徳島オーケストラは、一九一七年（大正六）八月二八日には、ドイツ軍が東部戦線においてロシア軍に勝利したことを祝した「タンネンベルグ戦勝三周年記念コンサート」と題した戦勝記念コンサートを開催した。彼らはこれを敵国の収容所内でどうどうとやり遂げたのである。

翌年も戦勝四周年記念のコンサートを開催した。さらに、一九一七年九月六日には「リーガ占領祝賀コンサート」、一九一八年（大正七）一月二七日には皇帝ヴィルヘルム二世の誕生日を祝う軍隊行進曲特集のコンサートも開催している。

捕虜の立場でありながら自国の戦勝や皇帝を祝賀する内容のコンサートが何度も許可されていることは、彼らがおかれた環境から理解しがたいものであるが、ドイツ兵としての誇りをもった捕虜として収容所生活を送らせるために必要な活動と判断されて実現したのであろう。

ベートーヴェン交響曲「第九番」合唱付きの全楽章初演

日本ではじめてとなるベートーヴェン作曲の交響曲「第九番」の全楽章演奏は、一九一八年六月一日に開催された徳島オーケストラ第一八回コンサートであった。この演奏の記録はアジアで残るもっとも古いものとされている。

コンサート前日には公開リハーサルもおこなわれるなど、入念な準備のもとで開催されているが、とくに合唱の参加者にたいしての練習の告知が、所内日刊情報誌『日刊電報通信』に頻繁に掲載されている。合唱は捕虜のみとなるため、女性パートを男声パートにアレンジして歌われた。このため練習に関して参加者に周到な呼びかけをする必要があったと思われる（図56）。

演奏会は前日の五月三一日に公開リハーサルを、六月一日午後六時三〇分から本演奏がおこなわれた。ソリスト四名、合唱には八〇名、楽団に四五名ほどが参加した。公開リハーサル前日の五月三〇日には、ヘルマン・ボーネル（解放後に旧大阪外国語学校講師から教授に就任）による交響曲「第九番」についての講演が開催されている。

捕虜ヘルマン・ハーケは、母へ送ったハガキのなかで、この初演をつぎのように記している。

「お母さん！

雨季が始まった所で、約六週間続き、蒸し暑い雨模様の天気がその特色です。

先週の土曜日にはベートーベンの交響曲「第九番」の演奏会がありました。演奏は大成功で

図56 ● 講堂内で撮影された徳島オーケストラと合唱団の集合写真
このような構成で「第九」全楽章の日本初演は演奏されたと思われる。なお、「第九」初演は所内でおこなわれたため、日本人は参加していない。

した。特に第三楽章には惚れぼれしました。なんとも言えない安らぎ、なぐさめが流れ出て来るのです。わたしは元気です。

ヴィルヘルムはもうスイスに着きましたか。心からの挨拶をもって

あなたの　ヘルマン・ハーケ

一九一八年六月一〇日」

演劇活動

板東俘虜収容所では、演劇活動も盛んにおこなわれた。一九一七年一〇月ごろに捕虜のなかに「劇場委員会」が設けられ、ゾルガー第三海兵大隊第六中隊第三小隊長・予備陸軍少尉で北京大学教授・地質学者の指導の下、演劇や人形劇を開催した。

上演された演目と回数などについては中止や再演が多くすべてを把握できないが、収容されていた二年一〇カ月のあいだに一九公演七〇回以上おこなっている。演劇は演奏会のようなリハーサルの公開は

図 57 ● 演劇公演の風景
衣装や靴・大道具・小道具は、捕虜たちが専門技術を活かして自作した。材料は十数km離れた徳島市内まで買い出しに行っていた。

ないものの、好評だった演目については当初予定されていた以上に上演回数を増やしている。また合唱と同じように、女性役も捕虜が担当し演じている。

講演・講習活動

徳島・丸亀・松山の各収容所時代にも捕虜の講演活動は活発におこなわれていたが、板東に移ってからは内容・回数がさらに充実したものとなった。この活動については、前述のゾルガーや宣教師のボーネルらが中心となっていた。

ゾルガーは板東に入所前半の約一年間に、連続講演「中国の夕べ」四八回のうち二五回を担当、一九一八年一月から一九一九年一一月までの連続講演「郷土研究」は一人で七三回にわたってつづけた。その内容は、地球史・生物学からはじまり、ドイツを中心としたヨーロッパの歴史を人類学・考古学・歴史学から哲学・宗教学・文学と幅広い分野を対象に論じ、総合的な視野で郷土ドイツを学ぶ内容であ

図58 ● 演劇公演のための舞台情景画（『板東俘虜収容所新聞』1919年〔大正8〕9月号）
1917年〔大正6〕11月6日に公演された喜劇「ミンナ・フォン・バルンヘルム」の令嬢の部屋の場面。公演ごとにこのような各幕の情景画を描き、これを参考に背景や家具・調度品を製作していったのだろう。

った。

ボーネルは、「総合複音派海外伝道教会（AEPM）」の派遣教師で、一九一七年一二月から一九一八年五月までのあいだに講演「ドイツの歴史と芸術」を三六回開催している。またシェークスピアに関する連続講義やカルデロンの「人生は夢」、ベートーヴェンの交響曲「第九番」など、所内で開催された演劇・演奏会に関連した講義を開催前におこなっており、個々の作品が成立した背景や見所・聞き所を解説したものと思われる。

また、各分野の知識をもった捕虜が講師となり、実用的な知識を習得するために「製図」や「中国語の書き方」「中国語会話」「簿記」「化学」などの講習会を定期的に開催している。捕虜解放直前には、オランダ領インド（インドネシア）のバタビア（ジャカルタ）で募集のあった郵便局員見習いに応募した者を対象にしたと考えられる講義「病気の予防」や「オランダ語初級講座」が開催されており、解放後の就職のための技術取得講習もおこなわれていた。

さらに特殊なものとして、将校クラスを対象とした軍事講習会が、一九一七年六月から一九一八年四月まで、確認できるだけで三〇回開催されている。この講習会の内容は、ヨーロッパにおける第一次世界大戦の戦況考察や兵術講習・作戦演習などの講演や協議と射撃演習などの屋外講義であった。先のタンネンベルグ戦勝記念のコンサートと同じく、交戦国側の捕虜収容所内で実施されることが不可能ではないかと想像される内容の講習会で、見方によれば極端な自由行動ともとれる行為であるが、これらを許可することによって、ドイツ軍の組織内関係を維持させ統制をはかるねらいが収容所管理側にあったと思われる。

謄写版印刷所・石版印刷所・製本所

以上のような演奏会、演劇、講演・講習会などの活動を支えていたのが、捕虜が経営する謄写版（ミメオグラフ／ガリ版）印刷所と石版（リトグラフ）印刷所、さらに製本所である（図59）。

とくに謄写版印刷所では、週刊の所内新聞『板東捕虜収容所新聞』やコンサート・スポーツ大会などのイベントプログラム、絵はがき・書籍・カレンダーなど多種さまざまな印刷物が製作された。講演・講習会のテキストや地図類も作成され、収容所印刷所で販売されている。また、新聞や所内で刊行された書籍類の製本もおこなわれた。

謄写版印刷で注目されるのは、独自の方法で多色刷り印刷の技法を完成させたことである。徳島俘虜収容所時代から印刷機の改良が重ねられ、日本製の謄写版印刷機からシルクスクリーンを取り除き、ロウ原紙を直接原板として使用することに成功した。この改良により謄写版印刷によるベタ塗りの技法を

図59●謄写版印刷所での印刷の様子
6色刷りのプログラムを300部印刷するためには、インキをつけたローラーを6回×300部＝1800回（477m）まわす必要があった。

生みだした（図60）。

美しい図柄をともなったイベントプログラムや絵はがきは、収容所生活でのコレクションの対象にもなり人気を集め、解放時には「板東の良き思い出」としてドイツに持ち帰られた（図8参照）。

2 スポーツと遠足

運動場の借り上げと整備

板東俘虜収容所では、捕虜の心身活動の一環として所外でのスポーツ活動が認められ、入所早々から収容所に隣接した土地に運動場が整備された（図61）。

この運動場は、松江所長の仲介で、陸軍第一一師団が演習場用地として購入した土地のうち、地元住民が耕作地として借り受けしていた土地の一部を、捕虜が地元住民から年額

〔上段：各刷り版〕

7版目　6版目　……　3版目　2版目　1版目

〔下段：重ね刷りの結果〕

完成

……

図60●謄写版印刷機による多色刷りの再現（坂本秀童子氏）
1919年〔大正8〕3月上演の喜劇『白馬亭にて』のプログラムの印刷を再現したもの。『板東俘虜収容所新聞』1919年4月号の「わたしたちの印刷方法」と題した記事に、このプログラムの印刷方法を捕虜みずからが解説している。

二四一円二五銭で借地して整備したものである。賃借料は借地した土地を利用するスポーツ団体や菜園作業者・養鶏者で組織する団体に所属する捕虜たちが負担した。

この土地を運動場として造成するための作業は一九一七年五月一日にはじまり、六週間後にはテニスコートがオープンし、さらに六週間後にはサッカー場も完成し、第三海兵大隊第二中隊と松山スポーツ協会チーム（捕虜のスポーツ団体）が試合を催している（図62）。

スポーツ活動は、トレンデルブルク中尉が委員長を務める「スポーツ委員会」によって管理され、各種目ごとに結成されたスポーツ団体に所属しておこなわれた。久留米俘虜収容所から捕

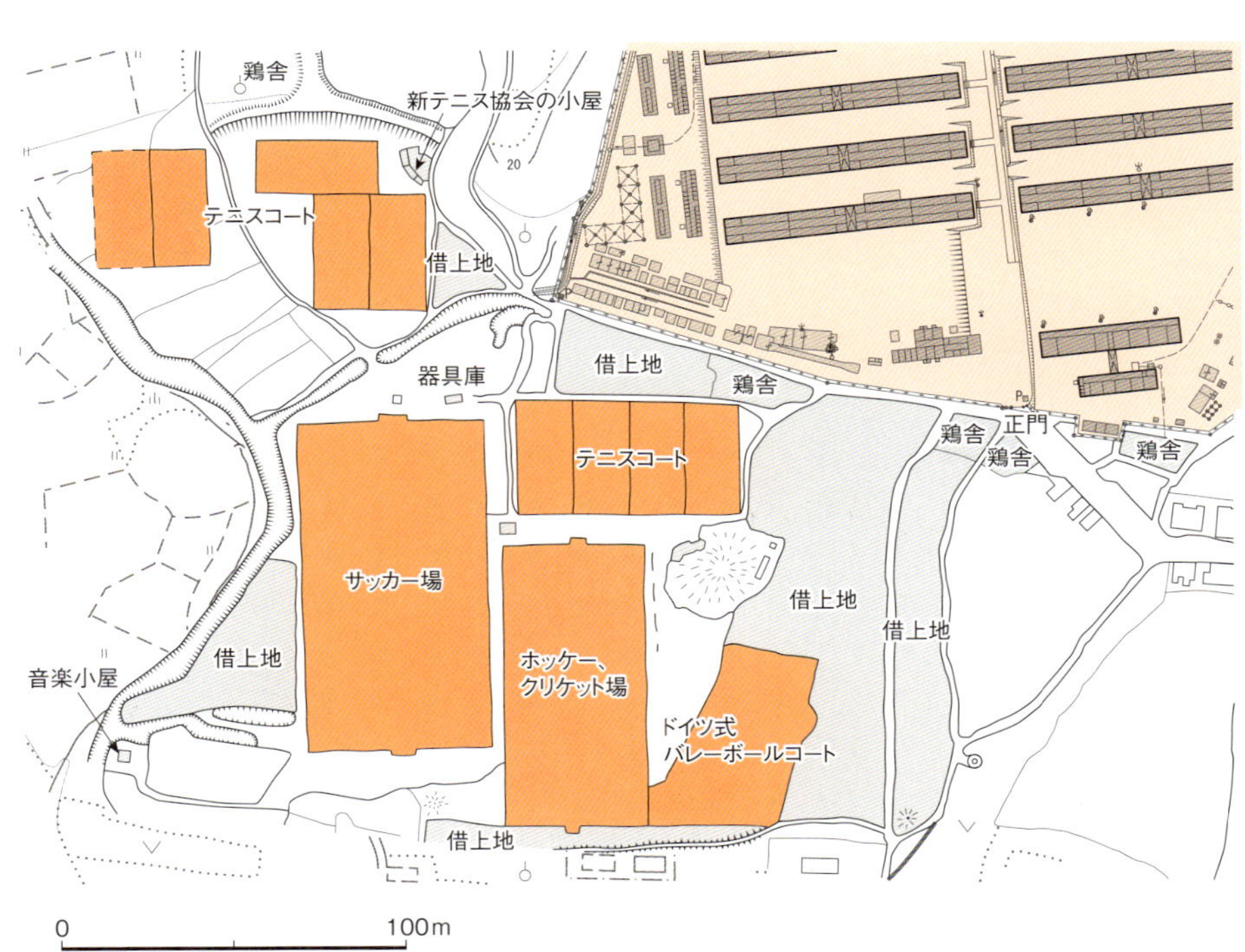

図61 ● 収容所外に整備された運動場・畑地・鶏舎
所外の施設に出るには日本側が発行する許可証の携行・提示が必要であった。利用規則に違反した場合は許可証の没収と営倉での拘留の罰を受けることになる。

虜が転収する以前の一九一八年八月の段階で活動していたスポーツ団体は**表1**のとおりで、会員数はのべ人数で七一九名であった。

収容所内でも、体操場や鉄棒が捕虜により整備されたほか、広場を使って球技もおこなわれた。このほかに、夏場には収容所近くの川での水泳や、全長約二六キロにおよぶ競歩大会も開催されている。

表1 ● 捕虜のスポーツ団体

板東テニス協会
　（45 名／入会金 10 円・月会費 1 円）
新板東テニス協会（52 名）
板東ホッケー協会
　（88 名を限度／入会金 4 円・月会費 35 銭）
松山スポーツ協会
　（100 名／入会金 50 銭・月会費 15 銭）
丸亀蹴球（サッカー）クラブ
　（70 名／入会金 30 銭・月会費 15 銭）
M.A. スポーツ協会
　（150 名／月会費 15 銭）
収容所体操協会板東
　（陸上競技部が附属、114 名）
スポーツ協会「青年の力」
　（40 名／入会金 20 銭・月会費 10 銭）
ドイツ式バレーボール（ファウストバル）協会
　「壮年」（30 名）
クリケット（ドイツ式野球・シュラークバル）
　協会「壮年」（30 名）

＊久留米俘虜収容所からの転収がある前の数値

図 62 ● 整備されたサッカー場
入所当初は、サッカーやテニスといった球技が盛んであった。多くの捕虜が所外に出て観戦している。

終戦と遠足

一九一八年一一月一一日、ドイツと連合国の休戦協定が締結されて以降、板東俘虜収容所での捕虜管理は幾分緩和されたと思われる。それは、ブッターザック第三海兵大隊第六中隊長が収容所管理者側と交渉し、日本兵の引率なしでの遠足が認められ、頻繁に所外へ出ることができるようになったことから想像できる。

捕虜の集団での遠足は、散歩を含め、一九一七年には四回、一九一八年には八回であったが、一九一九年には一気に増加し、遠足は二五回、終日遠足は五二回と計七七回も開催されている。

遠足はおもに収容所周辺の散策だったが、終日遠足は北方の山越えで瀬戸内海の櫛木海岸にむかうコースがもっとも多く、いくつかの四国八十八箇所霊場をまわり阿讃山脈尾根を縦走するコースや、瀬戸内海から小鳴門海峡を経由するコースなど、そのつど設定を変えておこなわれた（**図63**）。

図63 ● 収容所裏山への遠足
参加者がもっとも多かったのは1919年〔大正8〕4月21日の終日遠足で、541名が参加し、休憩所が設けられ飲み物やソーセージ・パンが販売された。

3 地元住民との交流

すぐには解放されなかった捕虜たち

一九一九年一月一八日にはじまったパリ講和会議では連合国がドイツ側との講和条件について討議し、六月二八日にベルサイユ条約が調印された。しかし、板東俘虜収容所の捕虜全員が解放されるまでにはまだ時間が必要であった。日本国内に収容されていた捕虜の大半は、ドイツの降伏から一年以上、日本で捕虜生活をつづけなければならなかった。

ただし終戦後の捕虜の生活は、遠足の例のように、戦時中にくらべて規制が緩くなったと思われ、一九一九年には地域住民との交流が頻繁におこなわれるようになったようだ。

先にふれたように収容所側の監視員が付かなくなった遠足では、捕虜が撮影した写真に民家の軒先で休憩する様子や瀬戸内海で地引網漁を見学する姿が残されている。収容所生活を詩とスケッチで綴った

図64 ● 競歩大会の様子（『鉄条網の中の5年 スケッチ集』）
この詩画集には、所内での生活の様子や、遠足先で捕虜の楽器演奏や調理を興味深くみいる地元住民の姿が描かれている。

詩画集『鉄条網の中の五年』には、収容所周辺の町々をまわる競歩大会の様子を描いたスケッチに、沿道で走者を見守る住民の姿をみることができる（図64）。

また、捕虜たちが撮り残した写真のなかには、収容所近くの水田で地元女性の田植えを手伝う様子や、民家の軒先や居室に上がり込んで子どもらと過ごした時間を写したものがあり（図65）、自身の家族を想う気持ちが映し出されているように感じる。

創造の喜びを共有した石橋づくり

収容所から一・五キロほど北に鎮座する阿波一宮大麻比古（おおあさひこ）神社（図23参照）の社叢林は、捕虜が故郷の森を感じながら散策を楽しんだ場所である。『板東俘虜収容所新聞』一九一九年九月号に掲載された「二年間の橋梁建設」と題した回想録によると、捕虜たちはこの神社境内を流れる小川に架けられた壊れた木橋を頑丈な石橋に造り替えようと、

図65 ● 地元の民家で子どもと写る捕虜
戦争には参加したが、彼らの多くはアジアに新天地を求めてやってきたごく普通のドイツ人であった。住民との交流は心安らぐ時間であっただろう。

一九一九年四月はじめから橋づくりを開始する。

作業は古い橋を撤去し、地道な作業がくり返された。そして、六月二七日には老宮司によって最後の要石が打ち込まれ、「この橋が五〇万年持ちますようにと」と祈願し、逆U字型のアーチが完成した。その後、アーチ周辺の石積みを終え、石橋は完成する（図7参照）。

この橋が、現在「ドイツ橋」とよばれる石橋で、捕虜たちはこの作業を「心身の健康の維持と強化、創造の喜びと労働への意欲、これらが無償の橋づくりによって獲得できた財産であり、また現在の状況においては貴重なものなのだ」と地元住民と「ものづくり」の喜びを共有した。ドイツ橋は全長約九メートルと規模は小さいものの、ドイツ人が設計・建設した石橋として国内で唯一のものであり、鳴門市の近代史を象徴する記念物として、いまもドイツと鳴門の交流の架け橋となっている。

美術工芸展覧会

地元との交流という点では、時期的には少しさかのぼるが、一九一八年三月八日から一九日にかけて、捕虜たちが製作した絵画や工芸品を展示する「美術工芸展覧会」が地元の板東町郡公会堂で開催された（図66）。捕虜の製作品を展示販売する展覧会は、すでに他の収容所で開催されており、板東俘虜収容所でも開催の気運が高まっていたものであった。

この美術工芸展覧会開催の情報が所外に伝わると、地元の板東町議会は一九一七年一〇月一六日に展覧会場を収容所近くの板東町郡公会堂に開設することを収容所管理者側に交渉するとともに、開催に必要な経費のいくらかを町費として計上することが提案され、翌日議決された。提案理由には、ドイツは世界でも優れた知識をもつ国であり、各国が競ってその知識を吸収しようとしているなか、展覧会場を町内に開設することで、日本にとって参考となる知識や技術を得たいことをあげている。地域住民が捕虜たちの知識と技術を高く評価していたことがわかる。

町は無償で郡の公会堂を展覧会場として提供するが、「こうした日本の公共の建物は、祝祭の場らしくない。そこでブンゲ曹長は弟と一緒に計画を立て、ごく短時間で冷たい木造の小屋をかなり趣味のよい快適な明るい美術ホールに塗り替えた」(『板東捕虜収容所新聞』一九一八年三月一七日)と、なんと室内の壁面に装飾を施し、さらに別の捕虜たちが蔦と常緑樹の葉で柱と天井を飾り立てた。

出品作品は絵画部門が二二〇点(二七名)、手工芸部門が二四七点(一〇八名)となっており、油絵・水彩画・クレヨン画・ポスター・パンフレットや、モデルシップ・メリーゴーランド・自動噴

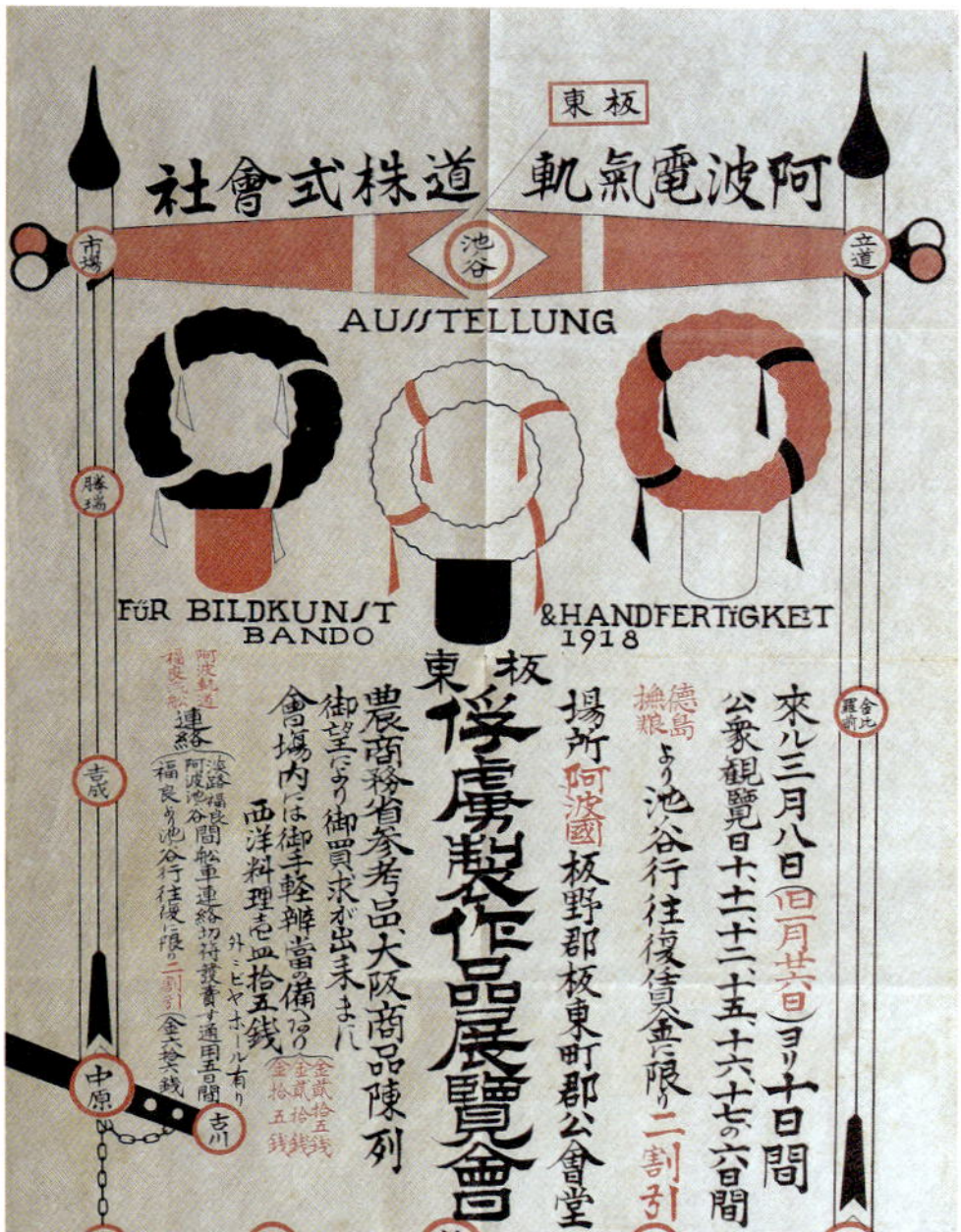

図66 ● 美術工芸展覧会のポスター
日本側の名称は「板東俘虜製作品展覧会」。このポスターは地元の鉄道会社が制作した。

水・装飾電燈・カメラ・靴・鳥類の剥製・植物標本・ケーキなどであった。それぞれの部門で入選者が審査され、入賞者には賞状を授与するなど、本格的なものであった（図67）。

また公会堂北隣りの四国八十八箇所霊場第一番札所霊山寺（りょうぜんじ）の境内も会場として開放された。ここでは楽団の演奏や人形劇・射的小屋から菓子店ゲーバや料理屋まで出展し、地元からの出店者と軒をならべて飲食物を提供している（図68）。展覧会には農林省代表・徳島県知事・県議会議長・徳島駐屯部隊司令官なども見学に訪れ、期間中の来場者総数は五万名を超えた。

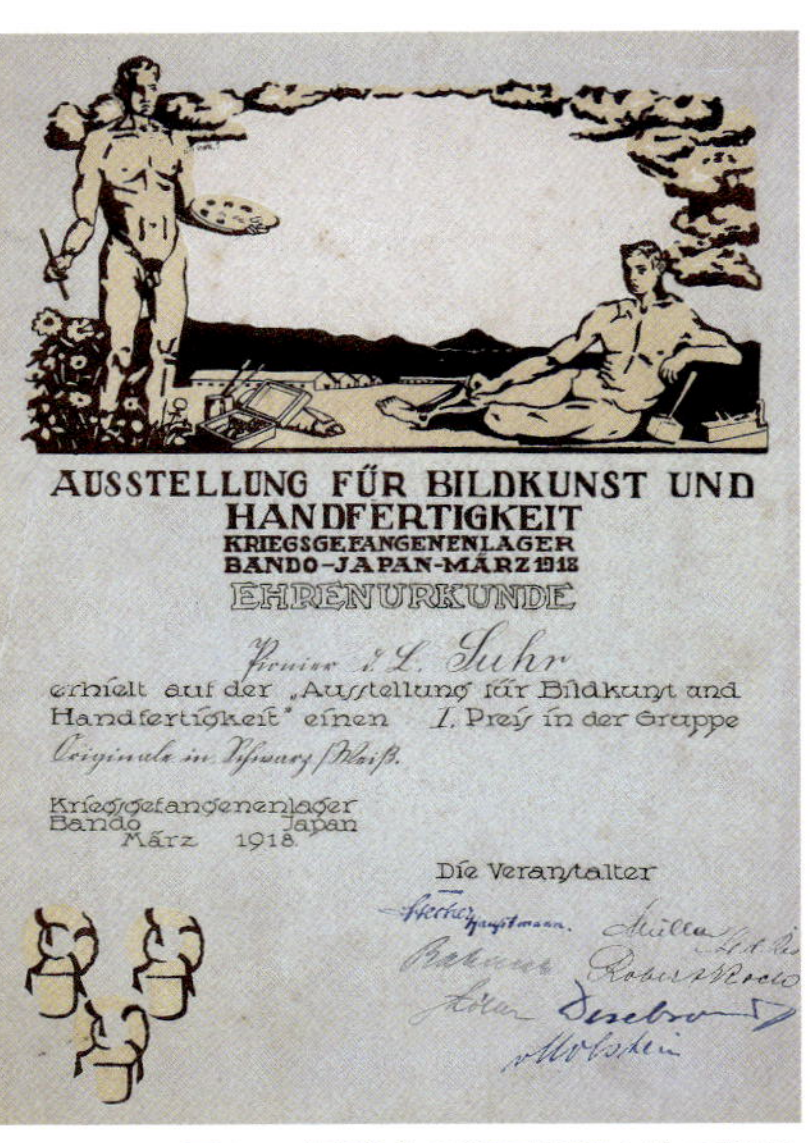

AUSSTELLUNG FÜR BILDKUNST UND HANDFERTIGKEIT
KRIEGSGEFANGENENLAGER
BANDO-JAPAN-MÄRZ 1918
EHRENURKUNDE

Pionier d. L. Suhr
erhielt auf der „Ausstellung für Bildkunst und Handfertigkeit" einen I. Preis in der Gruppe Originale in Schwarz Weiß.

Kriegsgefangenenlager
Bando Japan
März 1918

Die Veranstalter

図67 ● 展覧会の線画部門1位の賞状

図68 ● 美術工芸展覧会開催時の霊山寺前の出店
日独入り混じっての出店の様子。ビールやジュースのロゴが入った旗がならぶなか、右側のテントで捕虜の製作品を販売している。

第5章　よみがえる板東俘虜収容所

1　ドイツ兵の慰霊碑の供養

慰霊碑建設の提唱

一九一八（大正七）年一一月、第一次世界大戦が終結し、解放される日を待つ身となった捕虜たちのなかから、板東と松山・丸亀の各収容所で亡くなった一〇名の捕虜を慰霊するための記念碑の建設が提唱された。それはパリ講和会議がはじまって一カ月もたたない一九一九年（大正八）二月九日の『板東俘虜収容所新聞』の付録として、ハンス・コッホ後備伍長が「死去したわれらの同志のための記念碑！」と題した投稿記事で慰霊碑の建設をよびかけたことによる。

その内容は、ドイツ側の代表クレーマン少佐と中隊長たちの賛同をえた後、松江所長の協力により死者の遺骨を納める聖堂とする計画を伝えるものであった。そして「そこ（ドイツ兵の慰霊碑）は将来、文化遺産として存続することになるであろうし、後の旅人たちがわれわれの辛い思いについて語ることになるであろう、またドイツ人の誠実さと友情を明白にしめすであろう」と、慰霊碑建設の目的を述べるとともにその将来を予言した。

この投稿文が掲載された時点で準備作業は進んでいたものとみられ、翌日の一〇日には建設作業がはじまることも同時に表明されている。

しかし『板東俘虜収容所新聞』一九一九年四月号に「敵国での記念碑」と題した「ee.」と署名された慰霊碑建設反対の意見が掲載される。それは捕虜すべてが解放されこの地を離れた後、碑が放置され、あるいは壊されてしまうことへの危惧からのものである。

この意見は事前に投稿者からコッホに渡されており、同じ四月号にコッホは、一〇〇名を超える作業参加者と三四〇名以上の寄付に賛同する捕虜たちにより、完成にむけて着々と成果があがっているこの時点で、建設の是非の問題はすんでいるはずだと反論している。これ以降、建設に反対する意見が掲載されることはなく着々と工事は進められた。

ドイツ兵の慰霊碑の完成と解放

当初、帰国するまでのあいだ遺骨を納める目的で建設がはじまったが、一九一九年六月二八日にベルサイユ条約が調印され、連合国とドイツとのあいだで講和条約が締結されると、その二日後の六月三〇日付『日刊電報通信』にコッホは、「まもなく故郷へ帰るため、計画案に反し慰霊碑に遺骨は納められません」と告知している。条約締結により、建設途中で計画を変更したことがわかる。

そして八月三一日、松江所長ら日本の管理者側も参列し、慰霊碑（図69）の完成式典が午前九時からとりおこなわれた（**図6参照**）。

碑は角柱状で、四隅には柱状の砂岩を立て柱間はコンクリートで壁をつくり、一面につき上下二枚の花崗岩製のプレートを埋め込んでいる。正面のプレートにはドイツ語で慰霊の言葉が、上段に「われわれの愛する戦友たちの記念のために」、下段に「胸にドイツ魂　戦いには勇敢に　苦境にあって信実に」とあり、ほかの三面には碑の完成後に亡くなった一名を追加した一一名の氏名・所属部隊・生没年月日が刻まれている。

慰霊碑は西に傾斜する斜面を切り込んで造成された平坦面中央に建設されるが、慰霊碑をかこむように東・南・北側に石積みの壁が設けられる。また、慰霊碑前面には砂岩製の階段を四段設置し、その前面には半円形のテラスを築く。

その一方で、一九一九年の後半には相次いで捕虜

図69 ● 完成当時のドイツ兵の慰霊碑
碑は幅・奥行きとも1.2m、高さ2m。捕虜たちはこの碑が、将来文化遺産として存続することを願い建設した。

が解放されていった（図70）。そして一九二〇年（大正九）一月二六日、最後の捕虜二七二名が解放され、四月一日に板東俘虜収容所は閉鎖された。

閉所後、その敷地は、ふたたび陸軍第一一師団歩兵第六二連隊（一九二五年に第六二連隊は廃止され歩兵第四三連隊が移転）の陸軍演習場として使われることとなる。いくつかの建物は他の演習場へ移築されたり、改築されたが、兵舎第五棟〜第八棟や将校用兵舎・管理棟などは残され、第二次世界大戦の敗戦を迎える。

髙橋春枝の供養

第二次世界大戦後、残された兵舎は大陸からの引揚者住宅として利用されることとなる。

一九四八年の秋、この引揚者住宅に入居した髙橋春枝さんは、炊事に使う焚き物を集めるかたわら草花をとろうと思い、住宅北の山に入ったところ異国の文字が刻まれた碑を発見する。地元住民

図70 ● 解放時の板東俘虜収容所
大八車で大量の荷物を運び出そうとしている捕虜たち。
多くの捕虜が神戸から帰国の途に就いた。

からその碑が第一次世界大戦で捕虜となり亡くなったドイツ兵の慰霊碑であることを聞いた春枝さんは、大陸に残してきた先祖の墓や夫の敏治さんの戦争体験が重なり、夫と二人でこの慰霊碑を自分の先祖の墓のつもりで供養することを決意する。

この供養をはじめてから十数年後の一九六〇年、地元新聞社がこの活動を紙面で取り上げたことがきっかけとなり、徳島を訪れたウィルヘルム・ハース在日西ドイツ大使が髙橋夫妻に感謝の気持ちを伝えるため、ドイツ兵の慰霊碑を訪れることとなる。

ハース大使の来訪から約一年後の一九六二年一月、在西ドイツ日本大使館を通じて元ドイツ兵捕虜エドアルド・ライポルト氏から、「慰霊碑や収容所がいまどうなっているのか知りたい」「年に一回程度、元捕虜たちと会合を開き当時の思い出を語りあっている。今度は自由な身で日本を訪れることがわれわれの願いである」と記された書簡

図71 ● 髙橋春枝さんとウィルヘルム・ハース在日西ドイツ大使
右端が春枝さん、その隣がハース氏。大使が慰霊碑を訪れるまで40年の時間を要したが、捕虜たちの辛い思いを語る場所として残されていた。

が大麻町役場（現・鳴門市）に届いた。

大麻町は板東俘虜収容所の一部がいまも残っていること、地域住民がドイツ兵の慰霊碑の供養をつづけていることを伝えるため、収容所やドイツ兵の慰霊碑、板東のまちの様子を収めた八ミリ映画や写真アルバムをまとめ、五月に渡欧する原徳島県知事に託し、ライポルト氏に届けられた。八ミリ映画はドイツ各地の元捕虜の集まりでくり返し上映され、ドイツ兵の慰霊碑が日本人の手で守りつづけられていることが多くの元捕虜に伝わることとなる。

2　互いを認めあう交流の証

元ドイツ兵捕虜の再来とドイツ館の建設

大麻町から届いた映像や写真によって、髙橋夫妻たちの手で慰霊碑が守られていることを知った元捕虜たちは、慰霊碑を保護する活動にたいして感謝の手紙や寄付金、そして当時の写真や資料などを大麻町と春枝さんに送り、交流をはじめる。

この交流は大麻町と合併した鳴門市に引き継がれる。そして、一九六八年ごろから元捕虜やその関係者がたびたびドイツ兵の慰霊碑を訪れることとなる。一九七〇年には交流の礎を築いたライポルト氏自身も来日し、髙橋夫妻に感謝を伝えるとともに、地域住民と収容所開設当時の思い出話に花を咲かせた。

こうして元捕虜の来訪や手紙のやりとりがつづくうちに、両者から一つの提案がなされた。

それは戦時中であっても互いを理解しあうことで生まれた、敵味方の関係を越えた心温まる交流の軌跡を記念する記念館の建設であった。これを受けて鳴門市は、一九七二年五月に「鳴門市ドイツ館」を建設する。そこには元捕虜たちが「板東の良き思い出」として持ち帰った多くの品々が寄贈され、その活用と保存を託した。

第九初演プログラムの発見

寄贈された資料は、冨田弘豊橋技術科学大学教授らによって翻訳・研究が進められることとなるが、作業が進むなかで一枚のコンサートプログラムに注目があつまった。

それは、第4章でのべた、ベートーヴェン作曲交響曲「第九番」合唱付のコンサートプログラムであった。この資料と先のヘルマン・ハーケの母への手紙の記述から、徳島オーケストラの板東俘虜収容所における第二回シンフォニーコンサート（通算第一八回）が、日本ではじめての

図72 ● **第九初演プログラム**
ドイツの芸術家マックス・クリンガーが1902年のウィーン分離派第14回展で発表した「ベートーヴェン像」をモチーフとしている。

「第九」全楽章演奏会であったことが確認されたのである。

この「第九」全楽章演奏から百周年目の二〇一八年六月一日には、鳴門市は元捕虜の子孫を招き、当時の演奏の再現コンサート「よみがえる第九演奏会」を開催した。子孫たちは、父や祖父から何度も聞いた「板東」の思い出話と重ねあわせながら、ドイツ兵の慰霊碑へ献花し、父や祖父がドイツ館に託した数々の思い出の品とも対面した。

そして、同年一〇月一五日には、板東俘虜収容所跡が、第一次世界大戦に関する遺跡として稀少なものであるとともに、交戦国間における文化交流を象徴する遺跡として評価され国史跡の指定を受けたことで、捕虜たちの慰霊碑建設の想いは一〇〇年後に現実となった。

鳴門市ドイツ館は、展示内容の充実と鳴門の観光拠点としての役割を果たすため、一九九三年一〇月に新築移転した。移転後も元捕虜の子孫や関係者から当時の資料の寄贈は続き、新資料も増加している。二〇一九年四月には、エドアルド・ライポルト氏の依頼を受けて一九六二年に大麻町から届けた板東俘虜収容所と周辺の様子を写した写真アルバムが発見され、ライポルト氏の親族から五七年のときをへてドイツ館へ寄贈されるなど、所蔵資料は約一〇〇〇〇点を数えるに至っている。

この歴史的交流を伝え残すために

第一次世界大戦時のドイツ兵捕虜を収容した日本国内の収容所は、前期・後期あわせて全国に一八カ所設置されたが、そのなかで板東俘虜収容所は、跡地とともにさまざまな資料が残り、さらに現代まで人びとの交流がつづく奇跡の収容所跡といえる。その大もとには、捕虜たちの積極的な活動を認めた松江豊壽所長をはじめとする収容所の管理体制と友好的な地域住民との交流があった。それが第二次世界大戦後のドイツ兵の慰霊碑の清掃活動から再開した交流につながったといえる。

鳴門市と徳島県、ドイツ・ニーダーザクセン州、同リューネブルク市は、彼らの意志を継ぎ、板東俘虜収容所に関連する資料のうち収容所内で製作された印刷物や写真を中心とした記録資料を、日本とドイツが戦争の壁を乗り越え互いを尊重しあった歴史的交流により残された類いまれな戦争捕虜収容所での活動記録として、ユネスコ「世界の記憶」への登録を目指す取り組みをはじめた。

争いの絶えない現代社会において「板東俘虜収容所跡」は、戦争というあってはならない負の遺産でありながらも、互いを認めあうことで信頼が生まれ、豊かな文化交流が生まれることをわたしたちに教えてくれる重要な遺跡なのである。

図73● 祖父たちがドイツ館に寄贈した記録にみいる元捕虜の子孫たち

参考文献

田村一郎　二〇一〇『板東俘虜収容所の全貌―所長松江豊壽のめざしたもの―』朔北社
「青島戦ドイツ兵俘虜収容所」研究会　二〇〇三～二〇一六『「青島戦ドイツ兵俘虜収容所」研究』一～一三
冨田　弘　一九九一『板東俘虜収容所―日独戦争と在日ドイツ俘虜―』法政大学出版局
鳴門市ドイツ館史料研究会　一九九八～二〇〇七『ディ・バラッケ　板東俘虜収容所新聞（Die Baracke)』一～四　鳴門市
鳴門市ドイツ館史料研究会　二〇〇〇『どこにいようと、そこがドイツだ―板東俘虜収容所入門―』鳴門市
橋本啓司　一九八二「近代　第二章第一節（六）第一次大戦」『鳴門市史　中巻』鳴門市
棟田　博　一九七四『桜とアザミ―板東俘虜収容所―』光人社
山口祐造　一九九二『石橋は生きている』葦書房
陸軍省　一九一〇『第四十五號　建築要領草案』東京都公文書館蔵
俘虜情報局　一九一八『大正三年及至九年戦役俘虜取扱顛末編集』防衛省防衛研究所図書館蔵
陸軍省『陸軍省大日記類』防衛省防衛研究所／アジア歴史資料センター

写真提供（所蔵）

鳴門市ドイツ館：図4・6・8～10・12・14～19・22・28（上)・29・32（下)・40・42～46・52～60・62～73
鳴門市ドイツ館（『大正三四戦役俘虜写真帖』俘虜情報局）：図13・35・39・48
鳴門市教育委員会：図5・24・25・30・33・36・37・47・49～51
ドイツ日本研究所（DIJ: D-3)：図20

図版出典（一部改変）

国土地理院20万分1地勢図「剣山」：図1
鳴門市教育委員会『板東俘虜収容所跡調査報告書』：図23・26～28（下)・31・34・38・41・61

上記以外は著者

板東俘虜収容所跡・ドイツ兵の慰霊碑

・徳島県鳴門市大麻町板東字桧尾山谷
・問い合わせ　鳴門市ドイツ館
・交通　ＪＲ高徳線「板東」駅より徒歩20分。高速バス「鳴門西」バス停上りから10分、下りから5分。

収容所跡地の一部が公園になっており、園内に兵舎や製パン所、給水施設などの基礎がいくつか残され、奥の池付近にドイツ兵の慰霊碑がある。

100周年を迎えたドイツ兵の慰霊碑（右は1976年建立の慰霊碑）

鳴門市ドイツ館

・鳴門市大麻町桧字東山田55―2
・電話　088（689）0099
・開館時間　9：30～17：00（入館は16：30まで）
・休館日　第4月曜日（祝日の場合はその翌日）、12月28～31日
・入館料　史料展示室は大人400円、小中学生100円
・交通　ＪＲ高徳線「板東」駅より徒歩25分。ＪＲ鳴門線「鳴門」駅より徳島バス鳴門大麻線「ドイツ館」下車。高速バス「鳴門西」バス停より東に徒歩10分。車で、高松自動車道「板野」ICより10分、徳島自動車道「藍住」ICより15分。

常設展示室で、謄写版多色刷り印刷のイベントプログラムなどドイツ兵捕虜が残した資料を多数展示し、板東俘虜収容所で過ごしたドイツ兵たちの当時の活動の様子や地元住民との交流の様子を当時の資料や写真、ジオラマなどで解説する。隣接する道の駅「第九の里」には板東俘虜収容所の兵舎が移築され物産館となっている。

ドイツ橋

ドイツ村公園より北東約1・5キロ（鳴門市ドイツ館より徒歩15分）、阿波國一之宮大麻比古神社の境内に、ドイツ兵捕虜が建造したドイツ橋、めがね橋が残る。

鳴門市ドイツ館

遺跡には感動がある

――シリーズ「遺跡を学ぶ」刊行にあたって――

「遺跡には感動がある」。これが本企画のキーワードです。

あらためていうまでもなく、専門の研究者にとっては遺跡の発掘こそ考古学の基礎をなす基本的な手段です。また、はじめて考古学を学ぶ若い学生や一般の人びとにとって「遺跡は教室」です。

日本考古学では、もうかなり長期間にわたって、発掘・発見ブームが続いています。そして、毎年厖大な数の発掘調査報告書が、主として開発のための事前発掘を担当する埋蔵文化財行政機関や地方自治体などによって刊行されています。そこには専門研究者でさえ完全には把握できないほどの情報や記録が満ちあふれています。しかし、その遺跡の発掘によってどんな学問的成果が得られたのか、その遺跡やそこから出た文化財が古い時代の歴史を知るためにいかなる意義をもつのかなどといった点を、莫大な記述・記録の中から読みとることははなはだ困難です。ましてや、考古学に関心をもつ一般の社会人にとっては、刊行部数が少なく、数があっても高価なその報告書を手にすることすら、ほとんど困難といってよい状況です。

いま日本考古学は過多ともいえる資料と情報量の中で、考古学とはどんな学問か、また遺跡の発掘から何を求め、何を明らかにすべきかといった「哲学」と「指針」が必要な時期にいたっていると認識します。

本企画は「遺跡には感動がある」をキーワードとして、発掘の原点から考古学の本質を問い続ける試みとして、日本考古学が存続する限り、永く継続すべき企画と決意しています。いまや、考古学にすべての人びとの感動を引きつけることが、日本考古学の存立基盤を固めるために、欠かせない努力目標の一つです。必ずや研究者のみならず、多くの市民の共感をいただけるものと信じて疑いません。

二〇〇四年一月

戸沢充則

著者紹介

森　清治（もり・きよはる）

1966年、徳島県徳島市生まれ。

立正大学文学部史学科卒業。

鳴門市教育委員会生涯学習人権課で板東俘虜収容所跡の発掘調査を担当。

現在、鳴門市ドイツ館館長。

主な著作　「日独戦争におけるドイツ兵俘虜の製麺麭について」『芙蓉峰の考古学　池上悟先生還暦記念論文集』（池上悟先生還暦記念会、2010）、「42木津城　45土佐泊城」『三好一族と阿波の城館』（戎光祥出版、2018）ほか。


シリーズ「遺跡を学ぶ」139

ドイツ兵捕虜の足跡　板東俘虜収容所（ばんどうふりょ）

2019年 10月　1日　第1版第1刷発行

著　者＝森　清治

発行者＝株式会社 新 泉 社

東京都文京区本郷2－5－12
TEL 03（3815）1662 ／ FAX 03（3815）1422
印刷／三秀舎　製本／榎本製本

ISBN978－4－7877－1939－3　C1021

新泉社

シリーズ「遺跡を学ぶ」第1ステージ（各1500円＋税）

47 戦争遺跡の発掘 陸軍前橋飛行場 菊池 実

96 鉄道考古学事始 新橋停車場 斉藤 進

シリーズ「遺跡を学ぶ」第2ステージ（各1600円＋税）

125 徳島の土製仮面と巨大銅鐸のムラ 矢野遺跡 氏家敏之

137 沖縄戦の発掘 沖縄陸軍病院南風原壕群 池田榮史